BATIK DIY – TIE DYE

Klassische Techniken in neuem Look

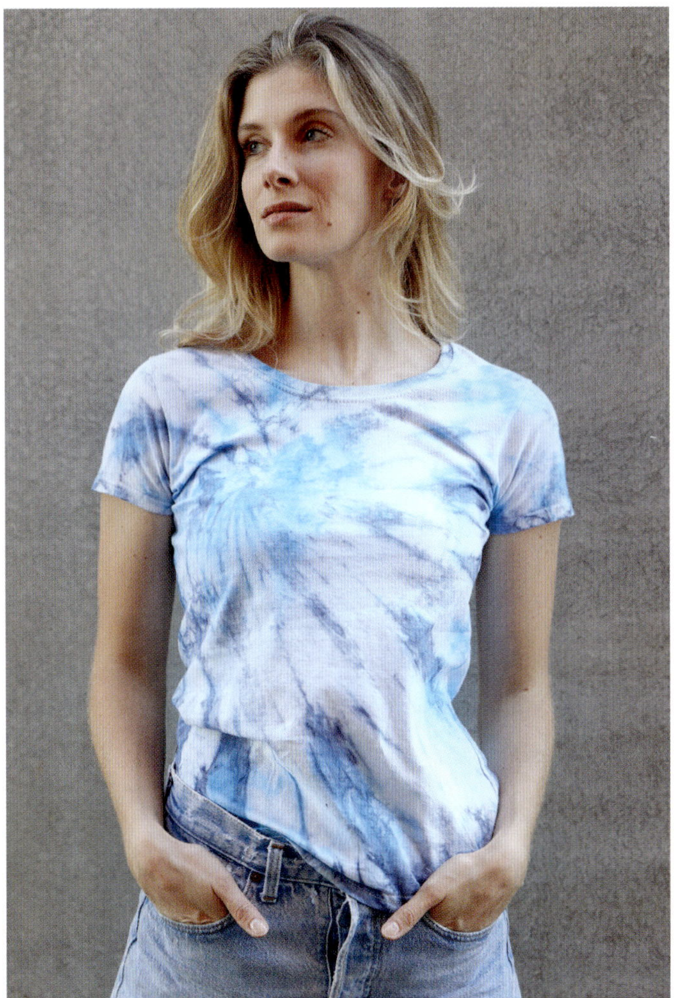

INHALT

GRUND-ANLEITUNG

GRUNDANLEITUNG

BATIK – FÄRBEN MIT SPASSFAKTOR

Bevor du mit dem Färben beginnst, ist es wichtig, dass du dir die folgenden Materialien besorgst und dir einen Arbeitsplatz vorbereitest, der auch mal dreckig werden kann. Denn beim Batiken werden die Textilien mit flüssigen Farben oder auch in einem Farbbad behandelt.

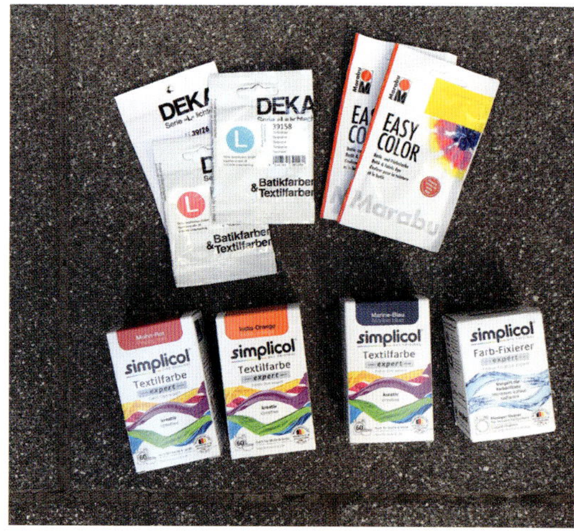

DAZU BRAUCHST DU

BATIKFARBEN

Batikfarben sind bei verschiedenen Herstellern in unterschiedlichen Farbabstufungen erhältlich. Meistens wird zusätzlich Fixiermittel benötigt. Neben Farben in Pulverform gibt es auch Flüssigfarben in Fläschchen.

HILFSMITTEL

- Flache Wannen oder Plastiktüten, in denen gefärbt werden kann
- Haushaltsgummis in verschiedenen Größen
- Stabile Schnur
- Evtl. Kreppband
- Salz (je nach Hersteller erforderlich)
- Flachpinsel (für Farbverläufe)
- Quetschflaschen
- Sprühflaschen
- Glasnuggets, Murmeln o. Ä. zum Einbinden
- Gummihandschuhe

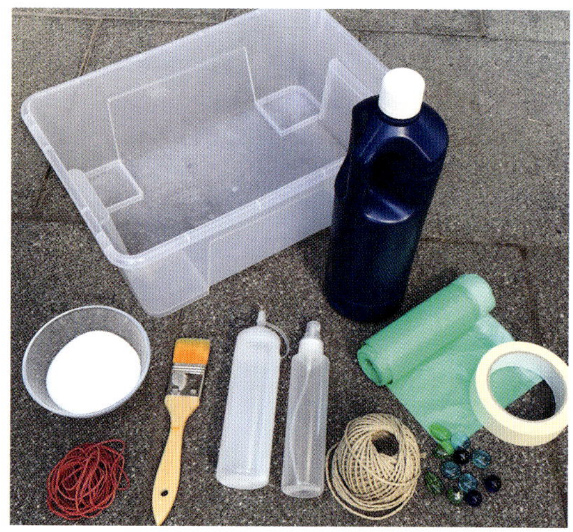

TIPP

Als Quetschflaschen können auch alte Spülmittelflaschen verwendet werden.

TEXTILIEN

Zum Färben eignen sich vor allem Textilien aus Baumwolle oder Zelluslosefasern wie Viskose und Lyocell, jeweils ohne Synthetikanteil, wobei ein kleiner Anteil an synthetischen Fasern in der Regel akzeptabel ist.

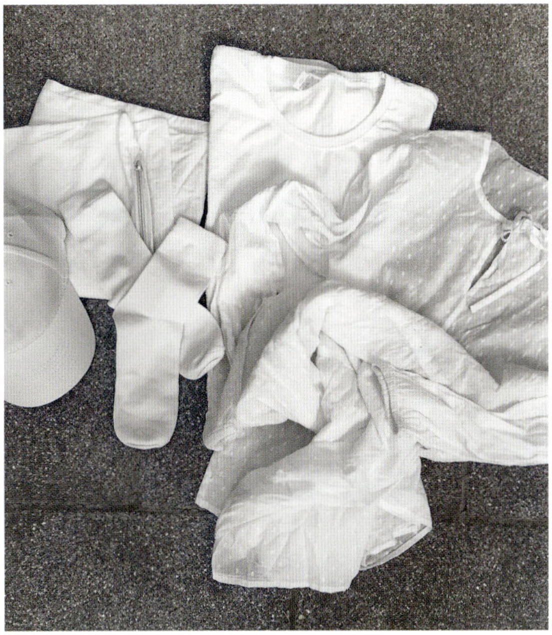

ARBEITSPLATZ VORBEREITEN

Ideal ist es, wenn dir zum Färben ein Garten zur Verfügung steht. Ansonsten decke alle Flächen zum Beispiel mit einer Wachstischdecke oder Malerfolie gut ab. Vorsicht, Farbflecken lassen sich von Holz, Stoff und vielen anderen Materialien nicht mehr entfernen!
Trage am besten alte Kleidung, die schmutzig werden kann oder ziehe dir ein altes Hemd oder Shirt über.

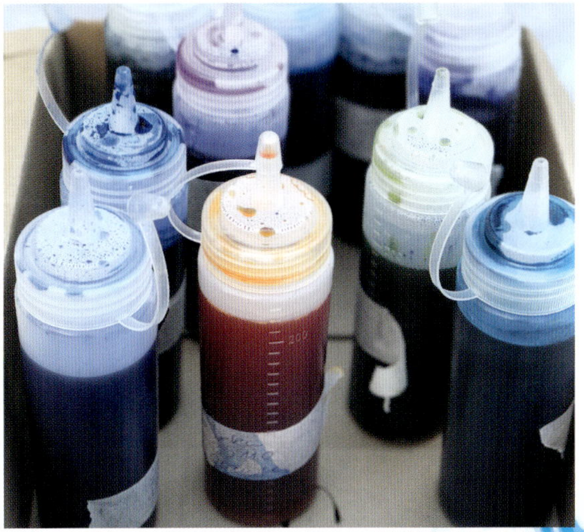

FÄRBEN VORBEREITEN

Wir haben ausschließlich Farben in Pulverform verwendet. Diese werden gemäß der Herstellerangaben meist mit heißem Wasser und Salz angemischt. Anschließend wird die Farbflotte in Quetschflaschen gefüllt. Diese sind praktisch, weil du mit ihrer Hilfe die Färbeflüssigkeit gezielt auf deine Textilien aufbringen kannst.

TEXTILIEN VORBEREITEN

Alle Textilien vor dem Färben mit der höchst zulässigen Temperatur waschen, um die Appretur zu entfernen. Keinen Weichspüler verwenden!
Wichtig: Zum Färben müssen die Textilien feucht sein! Also trockene Textilien gut anfeuchten.

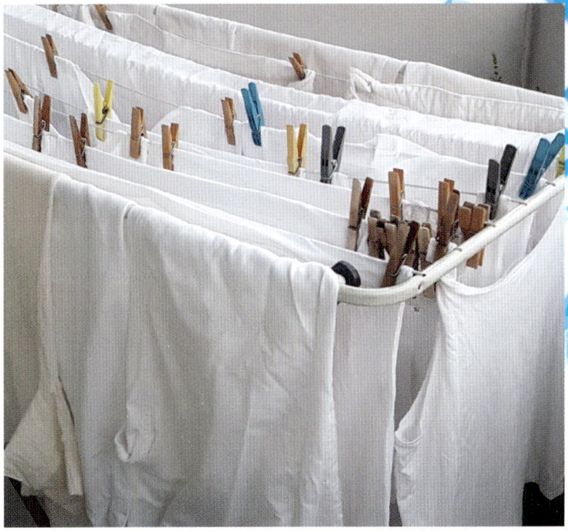

ABBINDEN

Es gibt viele verschiedene Möglichkeiten, wie du deine Textilien abbinden kannst. Du kannst Haushaltsgummis oder Schnur verwenden. Alle Stellen, die abgebunden sind, werden nicht oder nur leicht gefärbt. Je straffer du abbindest, desto weniger Farbe wird aufgenommen.
Um das Endergebnis interessanter zu gestalten, kann vor dem Abbinden gerollt, gefaltet oder geknautscht werden.

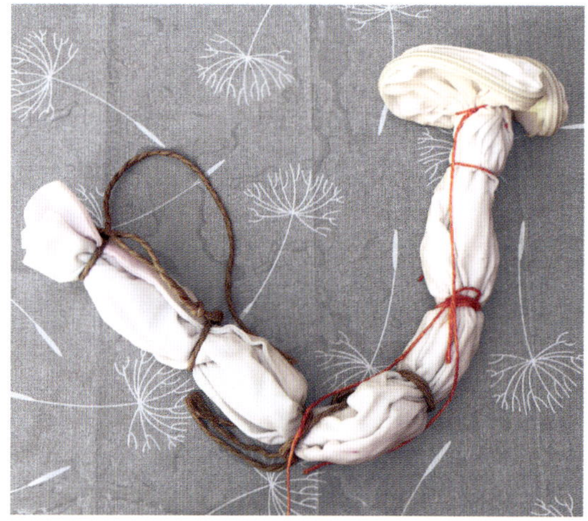

FARBEN AUSWÄHLEN

Du kannst mit nur einer Farbe schon die schönsten Effekte erzielen. Toll sieht es auch aus, wenn du mehrere Farben verwendest. Denke aber immer daran, dass sich dann Mischfarben ergeben, weil die Töne ineinanderfließen (siehe auch Seite 9, Farbenlehre).

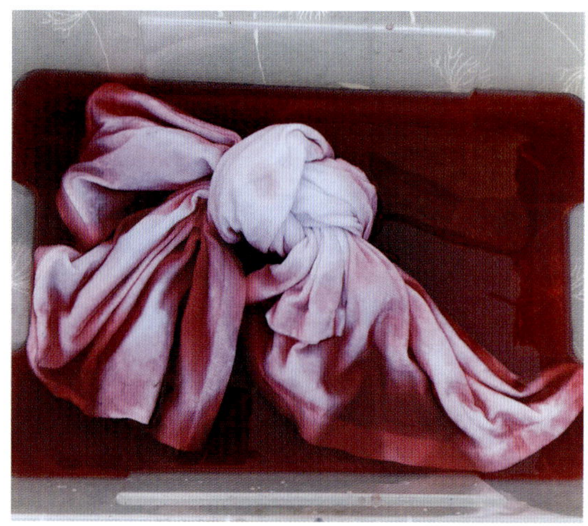

FARBEN AUFTRAGEN

Mit den Flaschen lässt sich die flüssige Farbe gut und gezielt auf die feuchten Textilien aufbringen. Mit der Düse kannst du die Flüssigkeit ins Gewebe drücken. Die Farbe dringt besser in die Textilie ein, wenn du sie zusätzlich mit den Händen einknetest.

EINWIRKZEIT

Auf den Packungen ist angegeben, wie lange die Farbe einwirken muss. Das kann von Hersteller zu Hersteller unterschiedlich sein.

FARBEN AUSWASCHEN

Nach dem Einwirken wird die Farbe nach Herstellerangaben ausgewaschen. Am Anfang blutet das Textil noch sehr aus. Dies wird aber immer weniger.

FIXIEREN

Zum Schluss solltest du deine Textilien mit vorgesehenem Fixiermittel fixieren, damit die Farben brillant wirken und sich später nicht auswaschen. Orientiere dich hierzu an den Herstellerangaben.

Kleine Farbenlehre

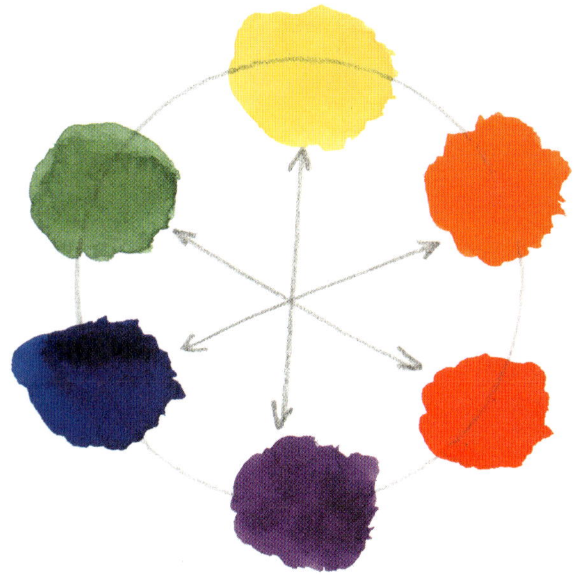

Um gute Ergebnisse zu erzielen, solltest du etwas über Farben und Farbmischungen wissen. Alle Farben lassen sich aus den Grundfarben Rot, Gelb und Blau mischen.
Wichtig für das Batiken ist, dass bereits zwei Farben eine dritte Mischfarbe ergeben. Wenn du die Grundfarben mischst, wird aus Rot und Gelb ein Orange, aus Rot und Blau ein Violett und aus Gelb und Blau ein Grün. Du kannst also viele Farbabstufungen mischen.

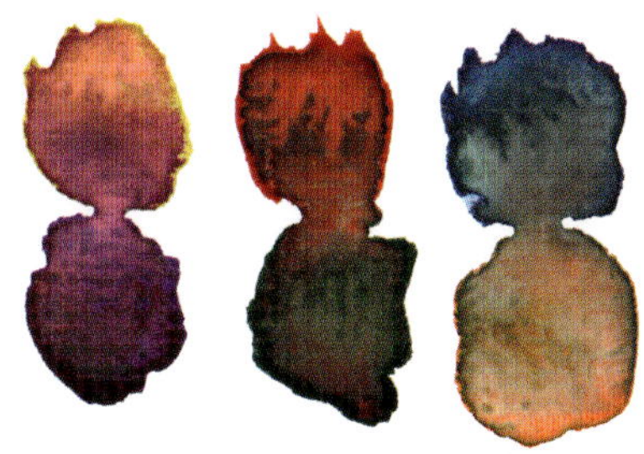

Je mehr Farben du verwenden willst, desto mehr Mischfarben ergeben sich. Dabei mischen sich Farben, die sich im Farbkreis gegenüberstehen, oft zu einem unschönen Graubraun. Diese Komplementärfarben sind Gelb und Violett, Rot und Grün, sowie Blau und Orange.

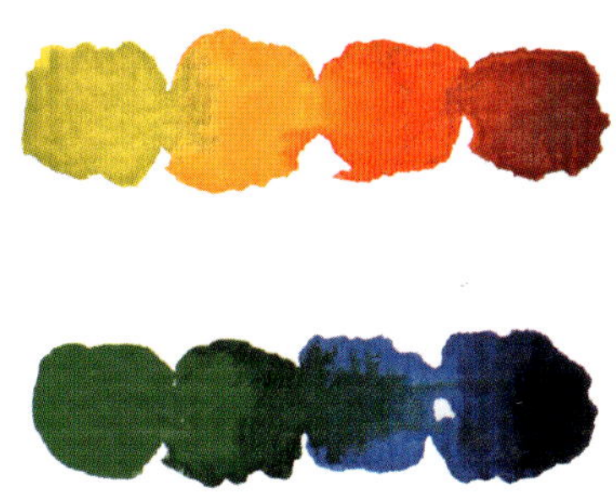

Bleibe in einer Farbfamilie (Rottöne, Blautöne …) oder bei Farben, die im Farbkreis nebeneinander liegen, um Risiken zu vermeiden. Spiele mit kalten und warmen Tönen einer Farbe (z. B. Magenta – kühler Farbton und Orangerot – warmer Farbton oder Blau und Türkis).

Tipp

Färben mit der Quetschflasche und strammes Abbinden können schmutzige Farbtöne verhindern. Empfehlenswert ist es auch, die Farben und ihre Farbmischungen vorher auf einem kleineren Stoffrest auszuprobieren.

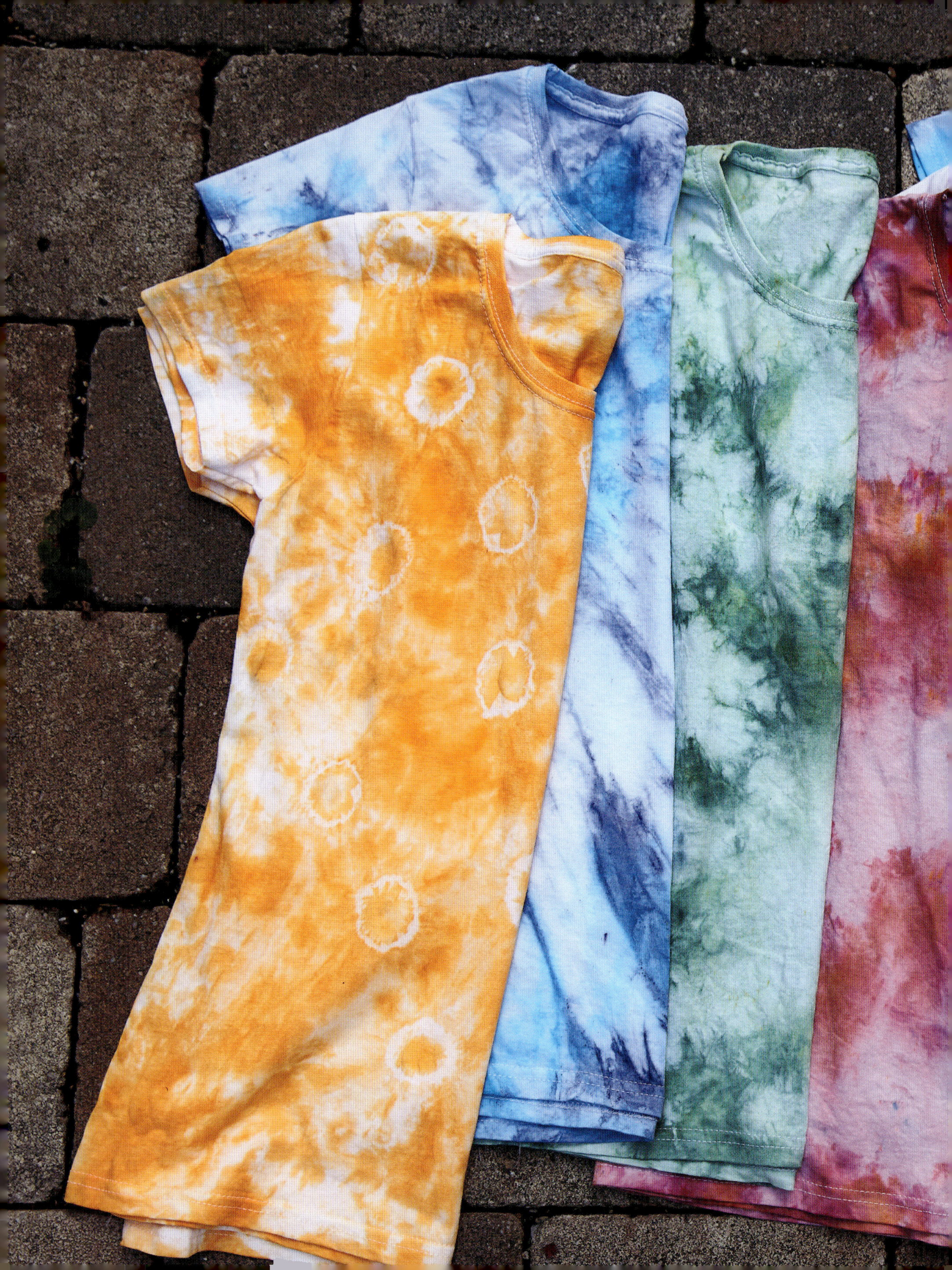

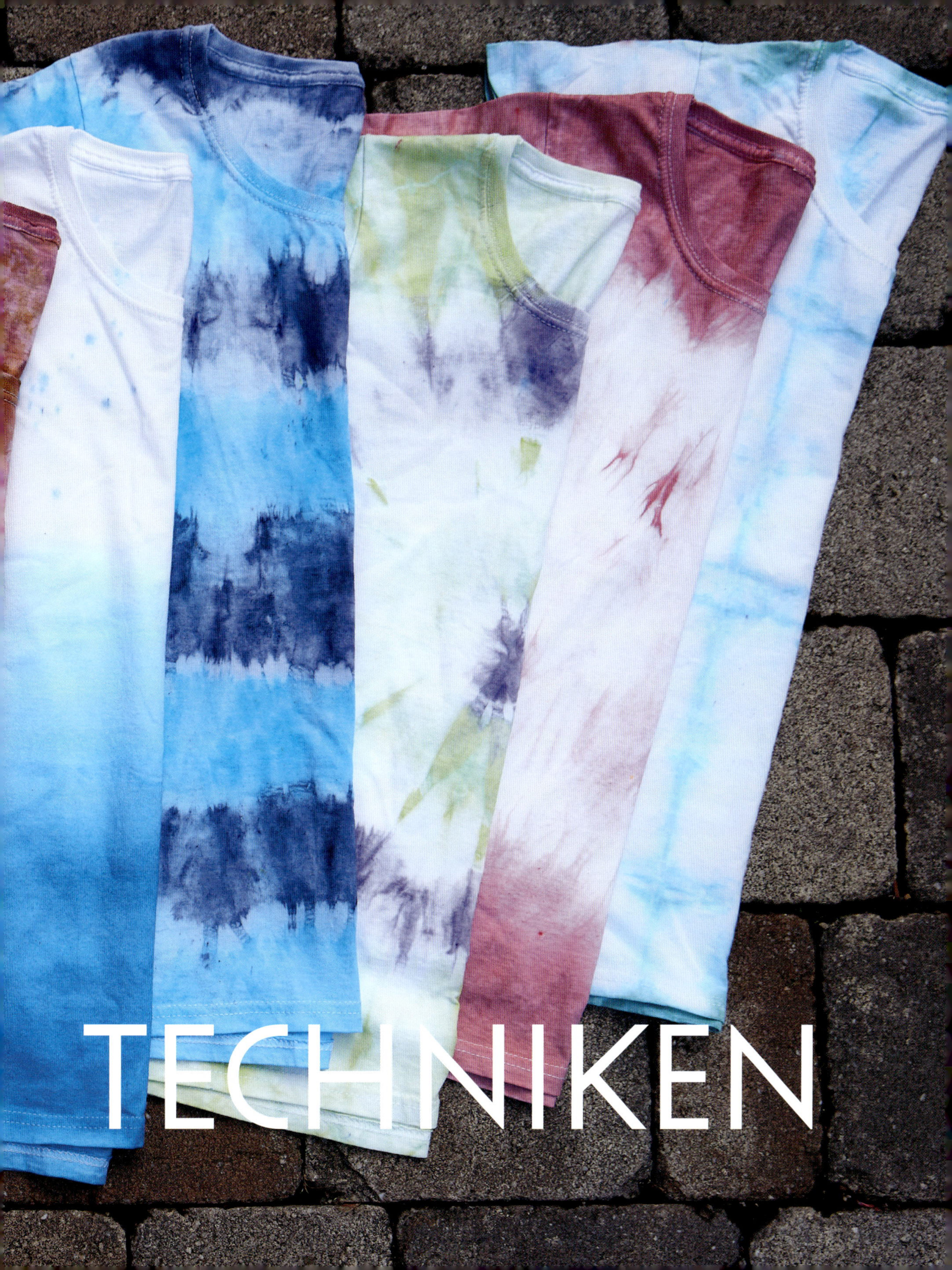

TECHNIKEN

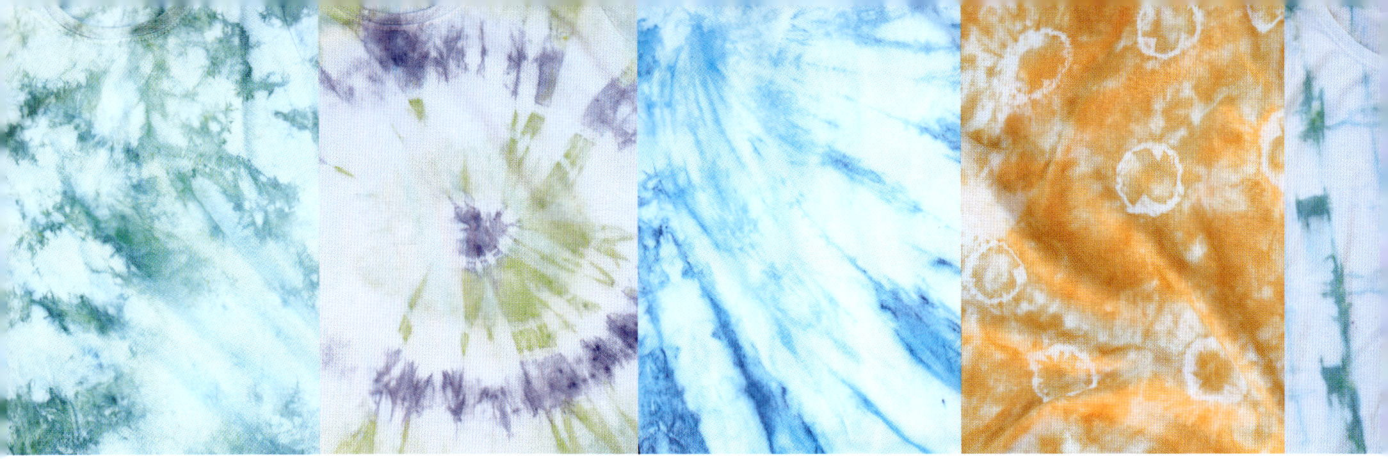

DIE VERSCHIEDENEN TECHNIKEN

Batiken ist eine sehr experimentelle und immer wieder überraschende Möglichkeit, um Textilien mit Mustern zu färben. Der Fantasie sind keine Grenzen gesetzt. Es gibt einige Grundtechniken, die wir euch an neun T-Shirts zeigen und die ihr selbstverständlich kombinieren oder variieren könnt.

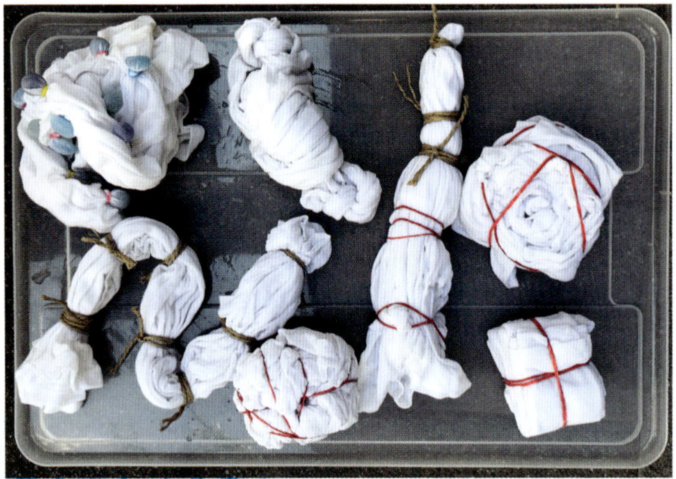

TECHNIKEN

- Knautschen
- Bullauge
- Spirale
- Gegenstände einbinden
- Falten
- Knoten
- Eis
- Streifen
- Ombré

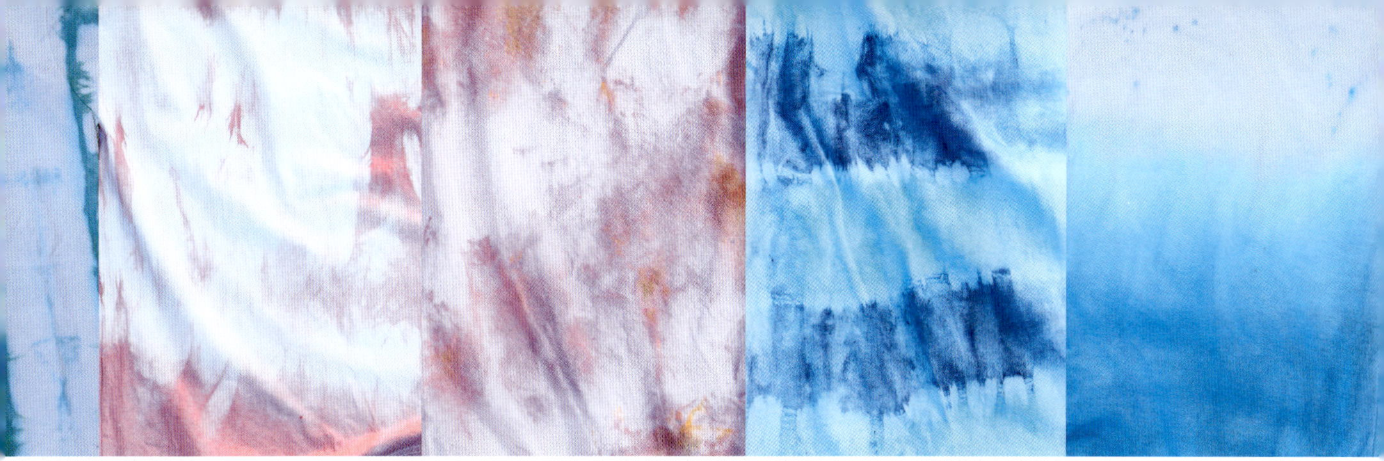

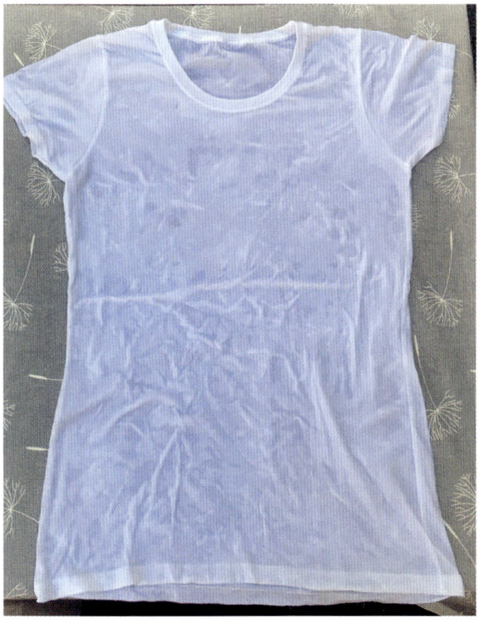

Voraussetzung für ein gutes Ergebnis ist immer ein gut angefeuchtetes T-Shirt, das die flüssige Farbe gut aufnehmen kann.

Nach dem Einwirken der Farbe werden die Gummis oder Schnüre vorsichtig mit einer Schere entfernt. Abschließend die Textilien ausspülen und die Farben fixieren.

TIPP

Um die einzelnen Techniken auszuprobieren, kannst du auch ein altes T-Shirt oder Bettlaken in kleinere Vierecke schneiden, abbinden und färben.
So kannst du nicht nur die Techniken ausprobieren, sondern auch Farbzusammenstellungen.

KNAUTSCHEN

Das Knautschen ist für Einsteiger die einfachste Technik.

1. Feuchte das Shirt an und lege es auf eine Unterlage oder in eine Wanne.

2. Schiebe den Stoff von allen Seiten locker zur Mitte hin.

3. Drücke alles von den Seiten her immer mehr zusammen.

4. Quetsche das entstandene Päckchen von den Seiten sowie von unten und oben kräftig zusammen und wickle mehrere Gummis oder eine Schnur zur Fixierung locker darum.

5. Lege dein geknautschtes Päckchen in eine Wanne oder auslaufsichere Plastiktüte.

6. Dann gibst du an beliebigen Stellen mit Quetschflaschen eine oder mehrere Farbtöne auf das Päckchen. Wir haben uns für zwei Grüntöne entschieden.

7. Drücke die Farbe mithilfe der Flaschen auch nach innen ins Gewebe und achte dabei darauf, dass einige Stellen weiß bleiben.

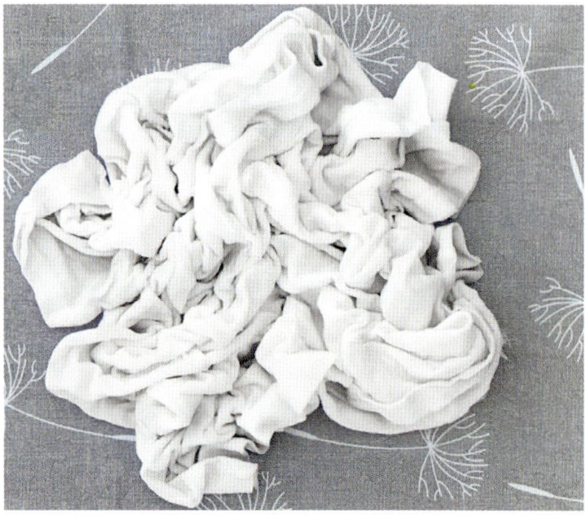

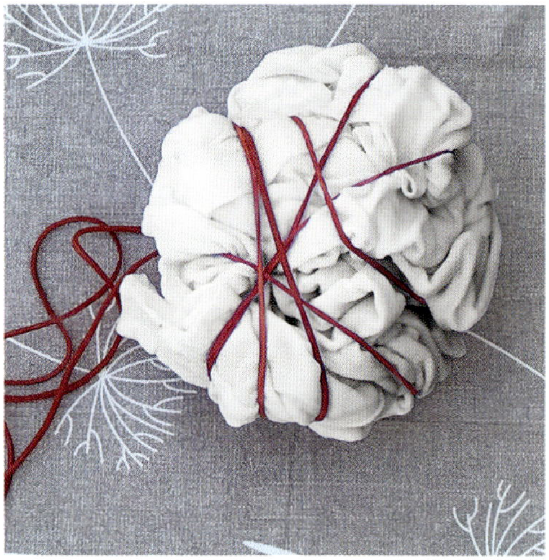

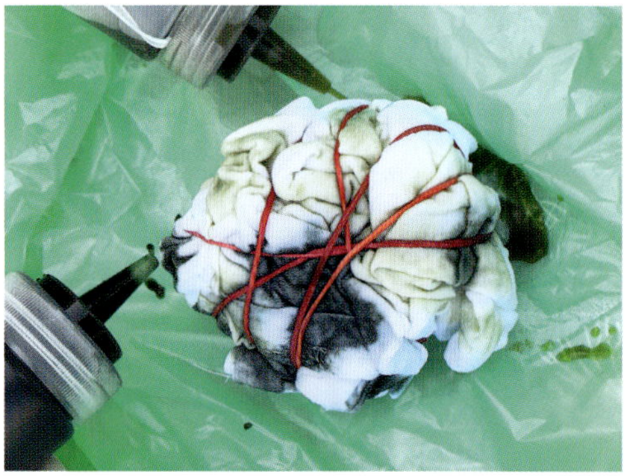

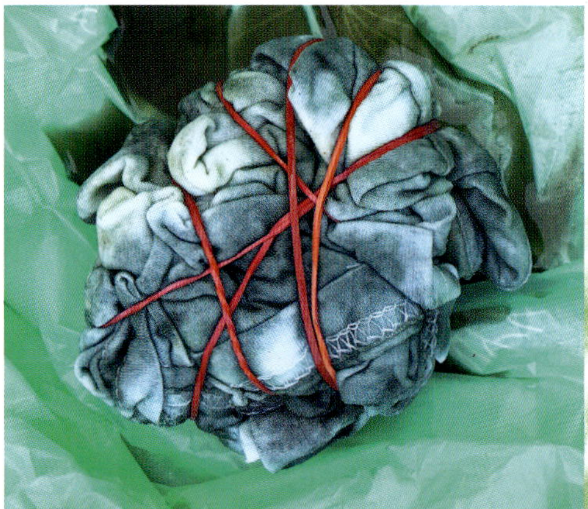

TIPP

Das Knautschen eignet sich auch gut für experimentelle Techniken wie für das Färben mit Eis (siehe Seite 26).

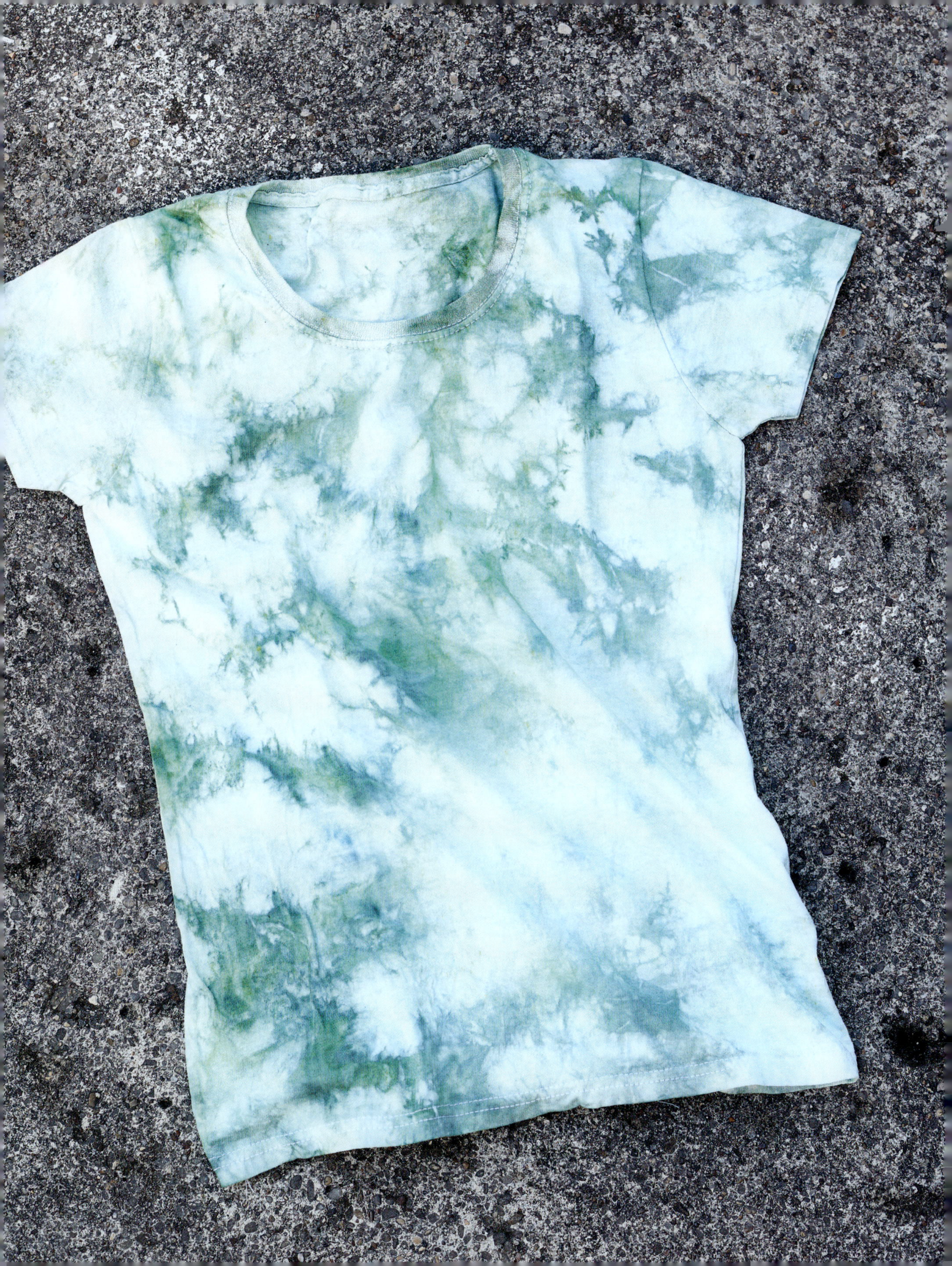

BULLAUGE

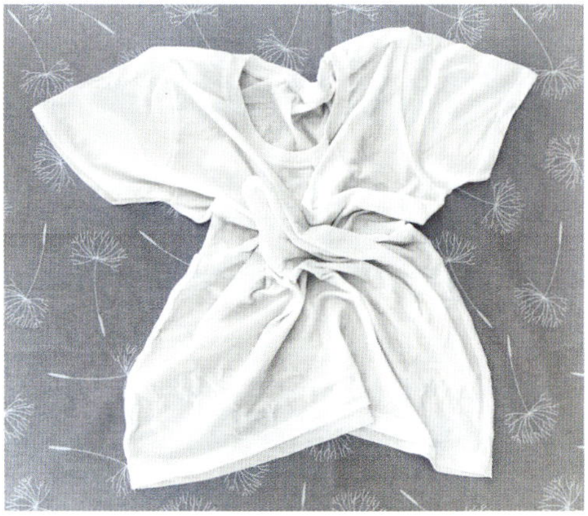

1. Lege das feuchte Shirt flach aus.
2. Ziehe die Mitte des Shirts (Vorder- und Rückseite) zu einem langen Zipfel nach oben.

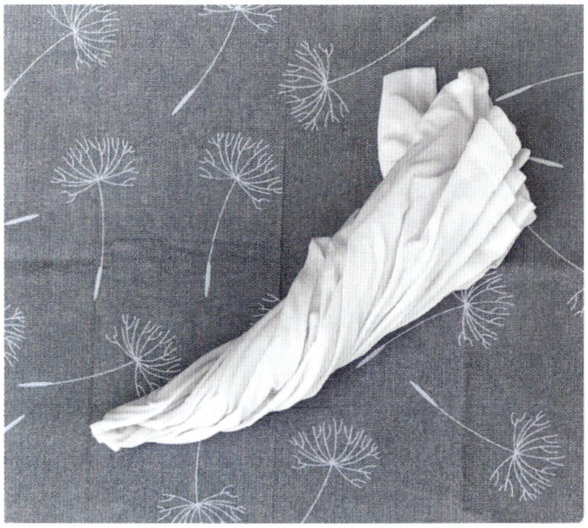

3. Um diesen Zipfel herum drehst du das gesamte Shirt locker zusammen.
4. Binde das erste Segment mit einer Schnur oder einem Gummi sehr straff ab, damit die Abbindestellen später keine Farbe annehmen.
5. Dann bindest du mit etwas Abstand das nächste Segment ab.
6. Wenn du magst, kannst du noch weitere Stellen abbinden. Wir haben noch mehr Gummis angebracht.

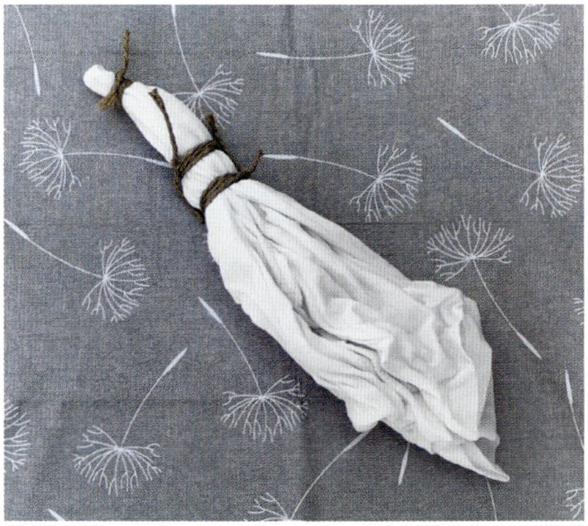

7. Lege dein Shirt danach in eine Wanne oder auslaufsichere Plastiktüte.
8. Trage nun auf die Segmente eine oder mehrere Farben auf. Wir haben uns für Pistaziengrün und Violett entschieden.
9. Drücke die Farben mit der Spitze der Flasche gut nach innen ins Gewebe.

TIPP

Diese Technik ist die bekannteste und eignet sich auch für eine bunte Farbzusammenstellung.

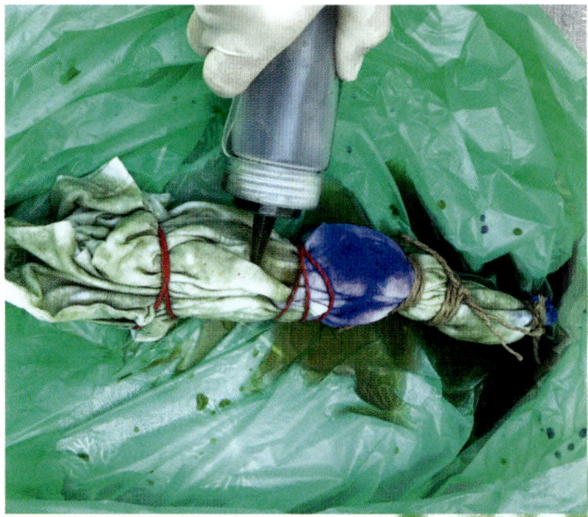

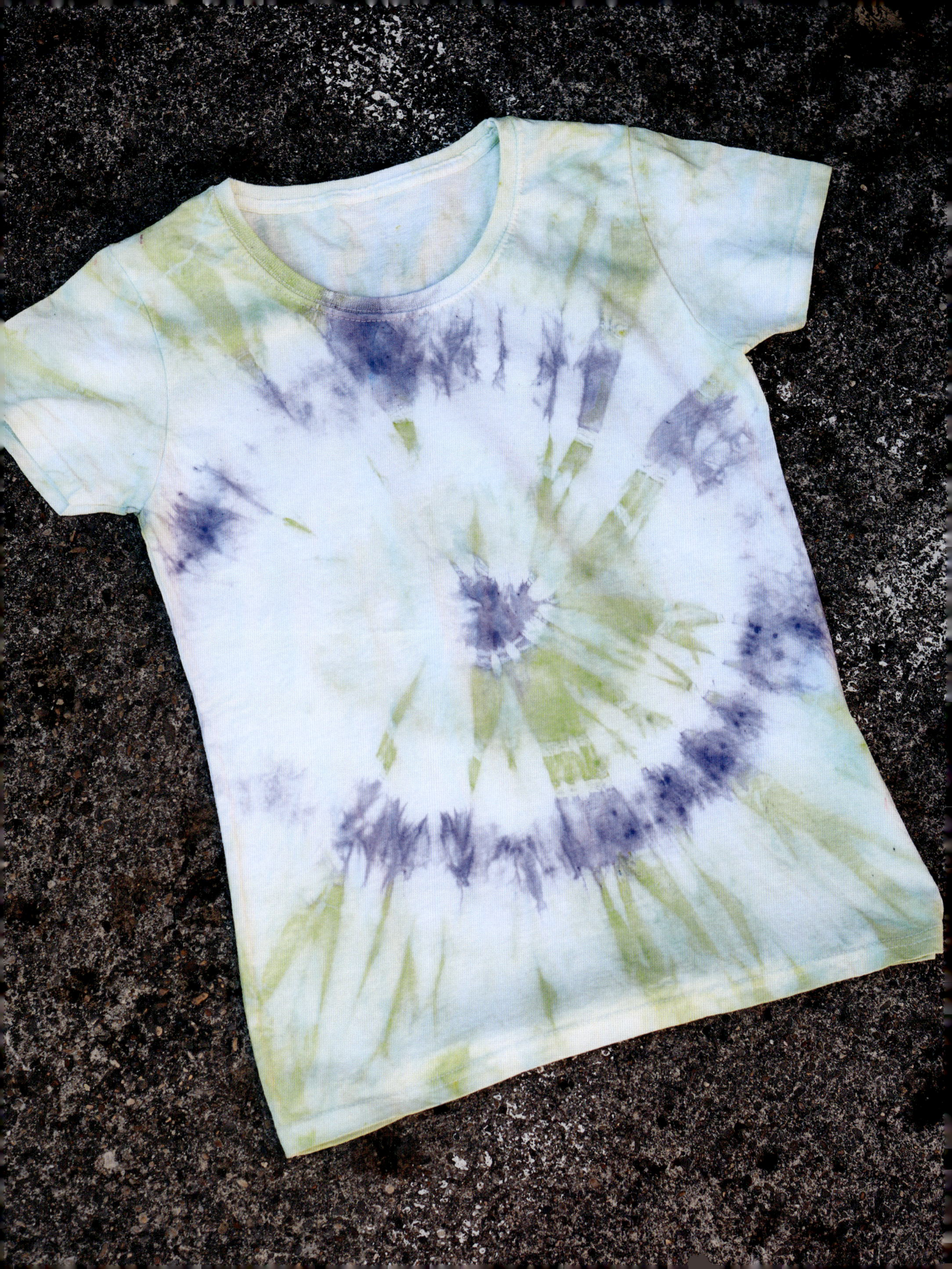

SPIRALE

1. Lege das feuchte Shirt flach aus.

2. Hebe den Stoff an der gewünschten Stelle durch beide Lagen etwas an. Drehe ihn an dieser Stelle um sich selbst zu einer Spirale auf.

3. So entsteht eine kompakte Stoffschnecke.

4. Fixiere die Wicklung locker mit Haushaltsgummis oder einer Schnur.

5. Lege nun deine Spirale in eine Wanne oder eine auslaufsichere Plastiktüte.

6. Träufle nun nacheinander einen Blau- und einen Türkiston auf das Shirt und drücke die Farbe mit der Flasche auch gut in das Innere der Spirale.

7. Das Shirt sollte gut mit Farbe getränkt sein. Achte darauf, dass noch weiße Flächen übrigbleiben.

8. Wende die Spirale und träufle Farbe auch auf die Rückseite.

TIPP

Die Spirale kannst du an jeder Stelle deines T-Shirts beginnen. Wir haben sie oben links begonnen, aber du kannst sie genauso gut unten oder in der Mitte beginnen.

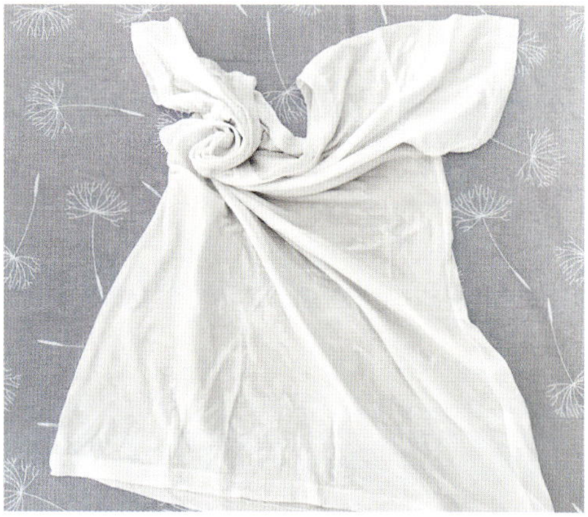

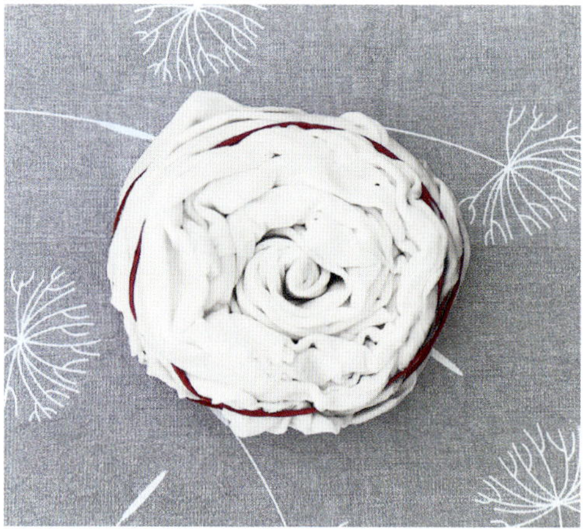

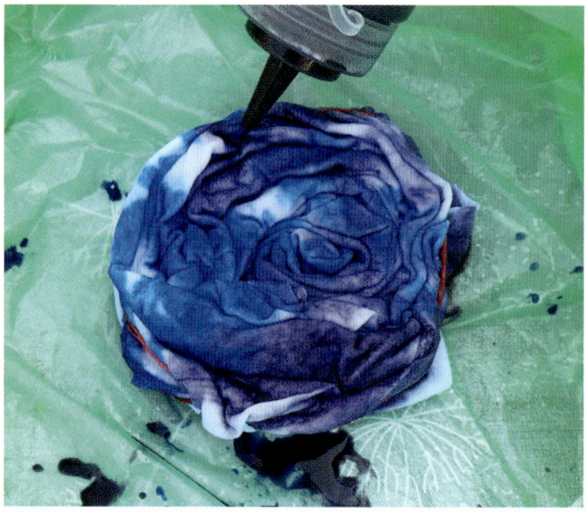

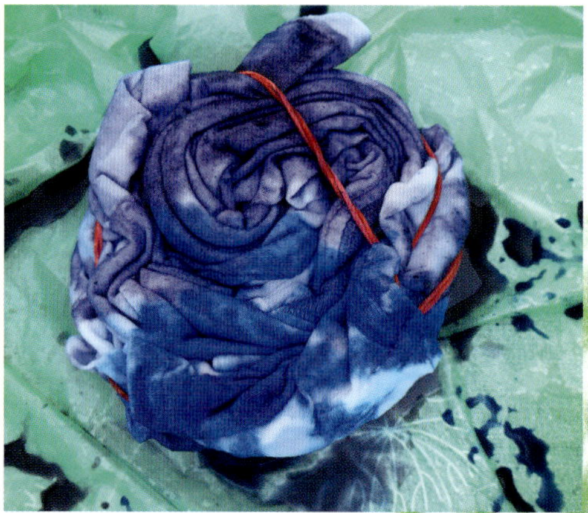

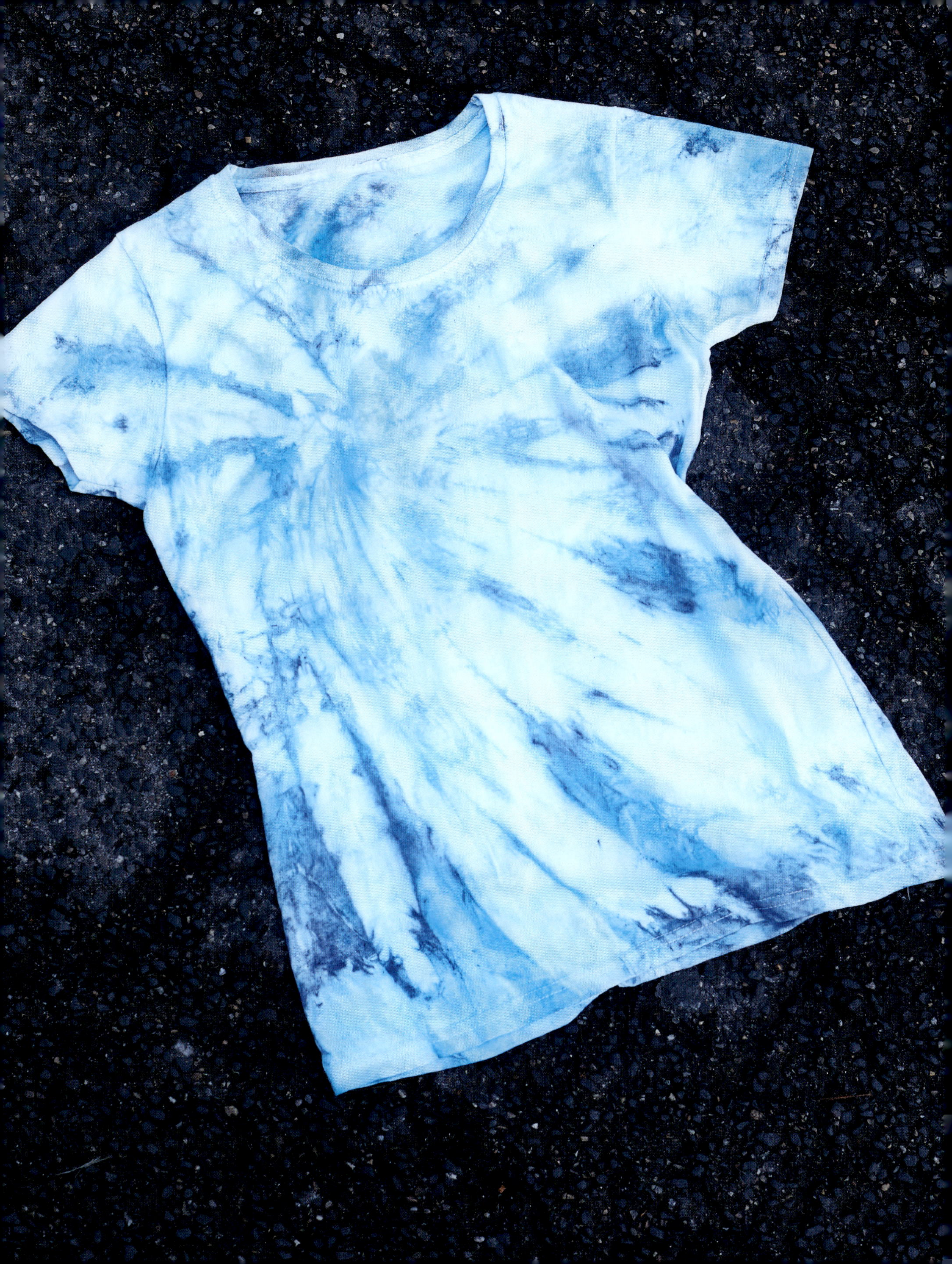

Gegenstände einbinden

Für diese Technik benötigst du kleine Gegenstände zum Einbinden. Du kannst Glasnuggets, Murmeln, Glasperlen, aber auch Steine o. Ä. verwenden. Außerdem werden kleine Gummis benötigt.

1. Lege das feuchte Shirt flach aus.
2. Lege die Murmeln oder Gegenstände deiner Wahl unter den Stoff der Vorderseite und binde sie kräftig mit Gummis ab.
3. Dies wiederholst du so oft, wie es dir gefällt. Du kannst ganz frei abbinden oder dir ein geometrisches Muster ausdenken.
4. Lege dein Shirt in eine auslaufsichere Plastiktüte oder Wanne.
5. Gib nun mit der Quetschflasche Farbe auf das Shirt. Wir haben ein leuchtendes Orange verwendet. Verteile die Farbe großzügig, lass aber einige Stellen frei.
6. Drehe das Shirt um und benetze auch die Rückseite mit Farbe. Natürlich kannst du auch auf der Rückseite Gegenstände einbinden.

TIPP

Wir haben für das Einbinden kleine Loom-Gummibänder verwendet. Sie sind nicht so groß wie übliche Gummiringe und eignen sich perfekt zum Einbinden von Murmeln.

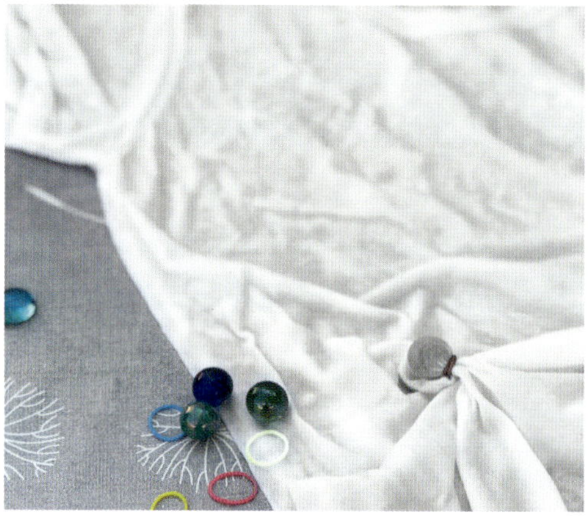

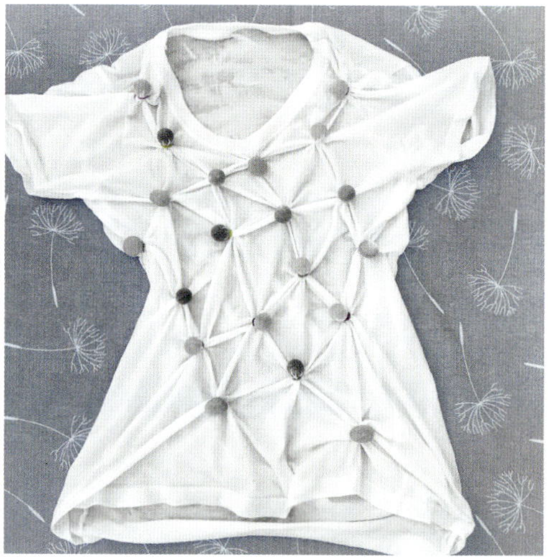

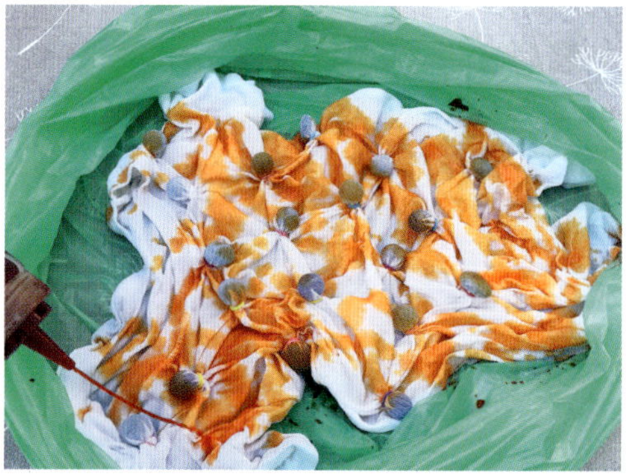

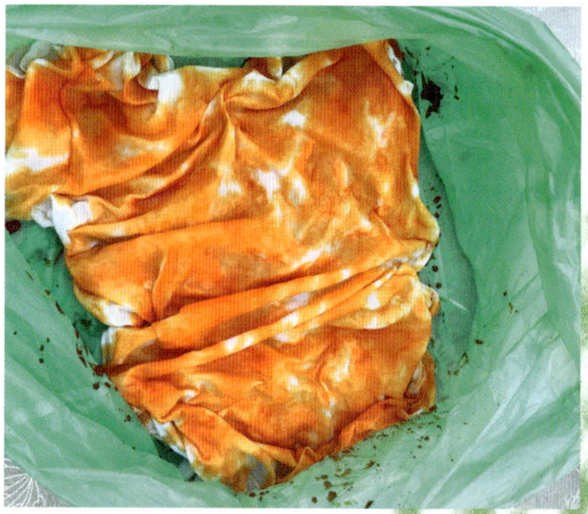

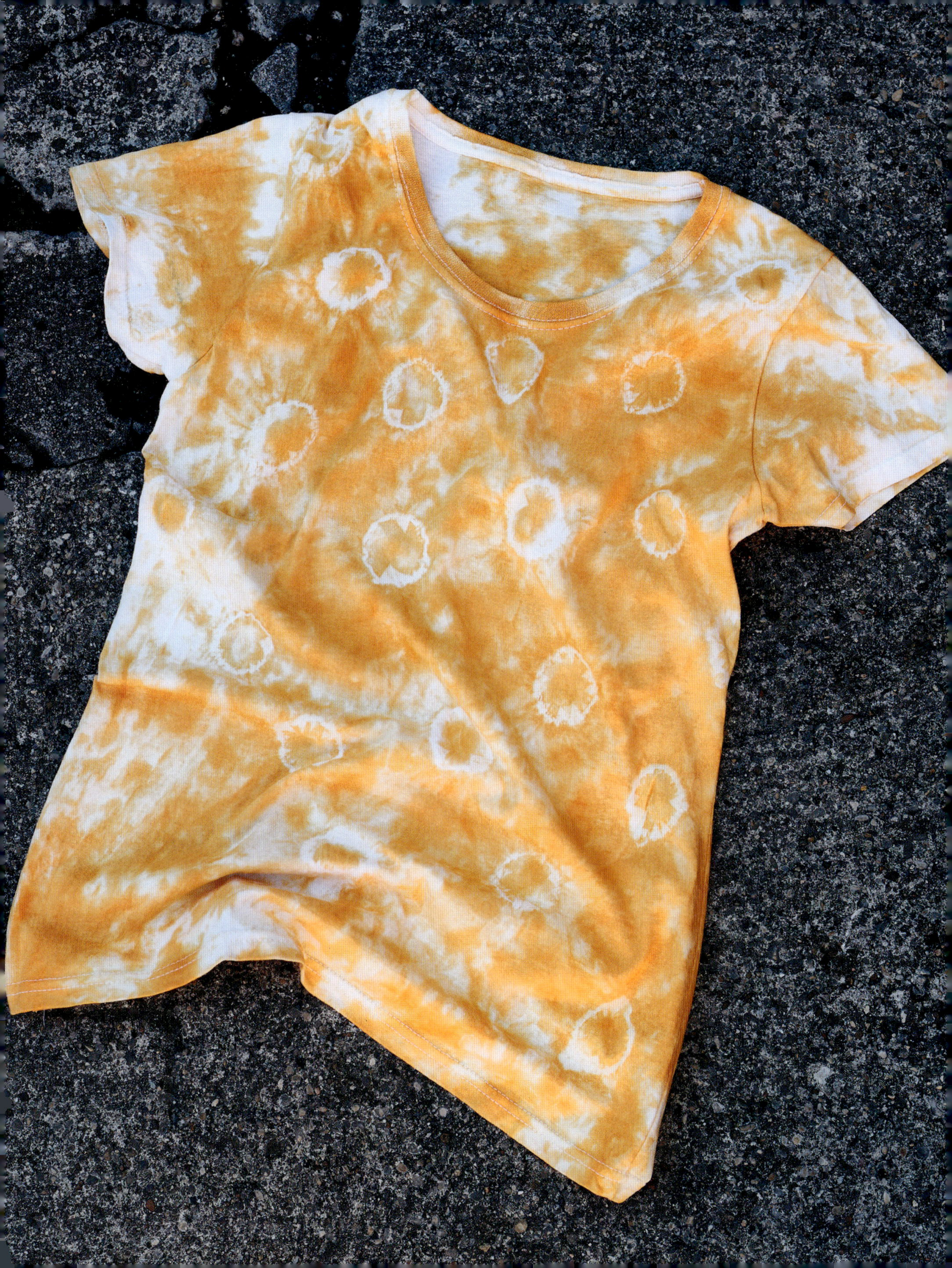

FALTEN

1. Lege das feuchte Shirt flach aus.
2. Falte das Shirt einmal mittig der Länge nach.
3. Dann faltest du es ziehharmonikaartig zu einem schmalen Streifen.
4. Nun faltest du diesen Streifen mittig und legst ihn in eine Wanne oder eine auslaufsichere Plastiktüte.
5. Trage auf die Längskanten den ersten Farbton auf. Wir haben einen Grünton verwendet.
6. Wende den Streifen und trage auch auf der Rückseite großzügig Farbe auf. Die Farbe sollte tief ins Gewebe eindringen.
7. Falte den Streifen nun der Länge nach wie eine Ziehharmonika und trage auch hier auf Vorder- und Rückseite der Kanten großzügig Farbe auf.
8. Du kannst dein Päckchen nun noch mit Gummis sichern.

TIPP

Wenn du dein T-Shirt zuerst mittig faltest, wird dein Faltmuster symmetrisch. Du kannst dein Shirt aber auch anders falten. Versuche es auch von oben nach unten oder diagonal.

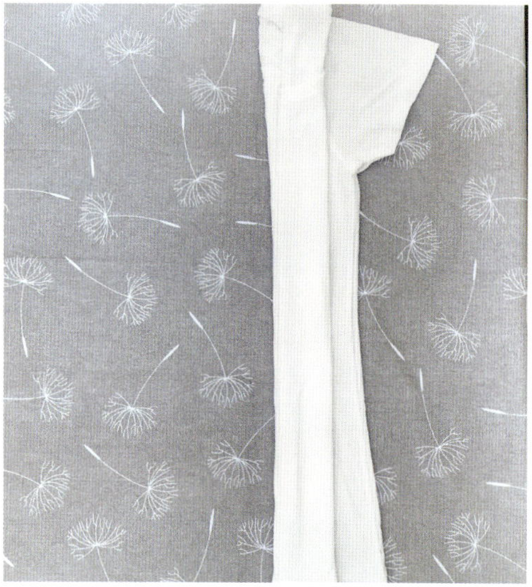

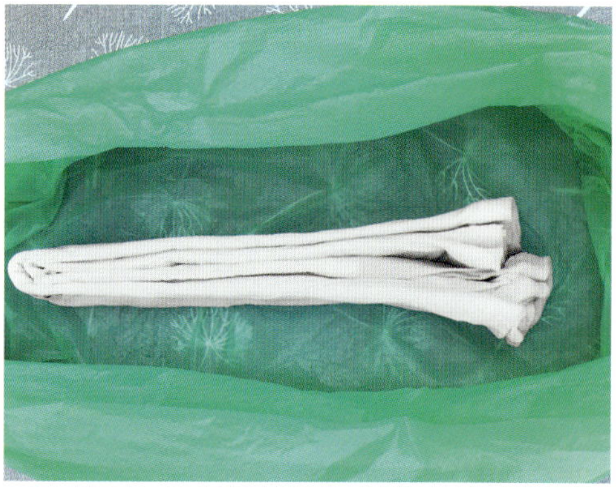

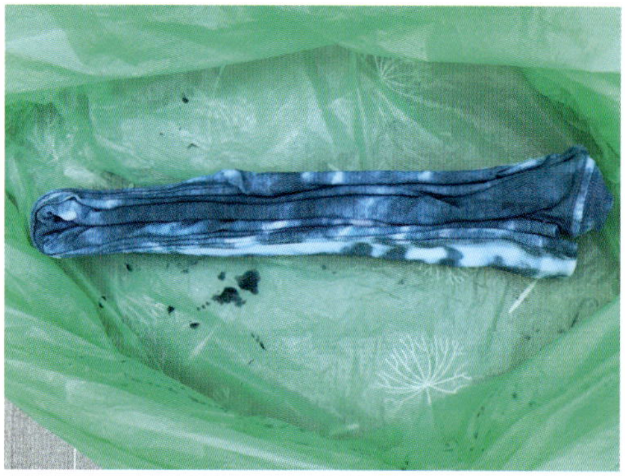

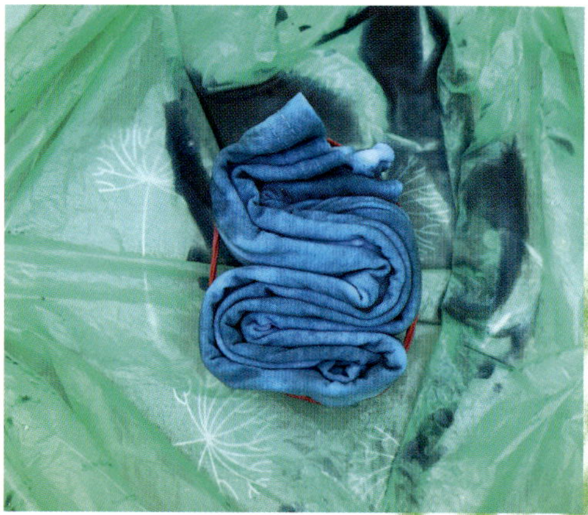

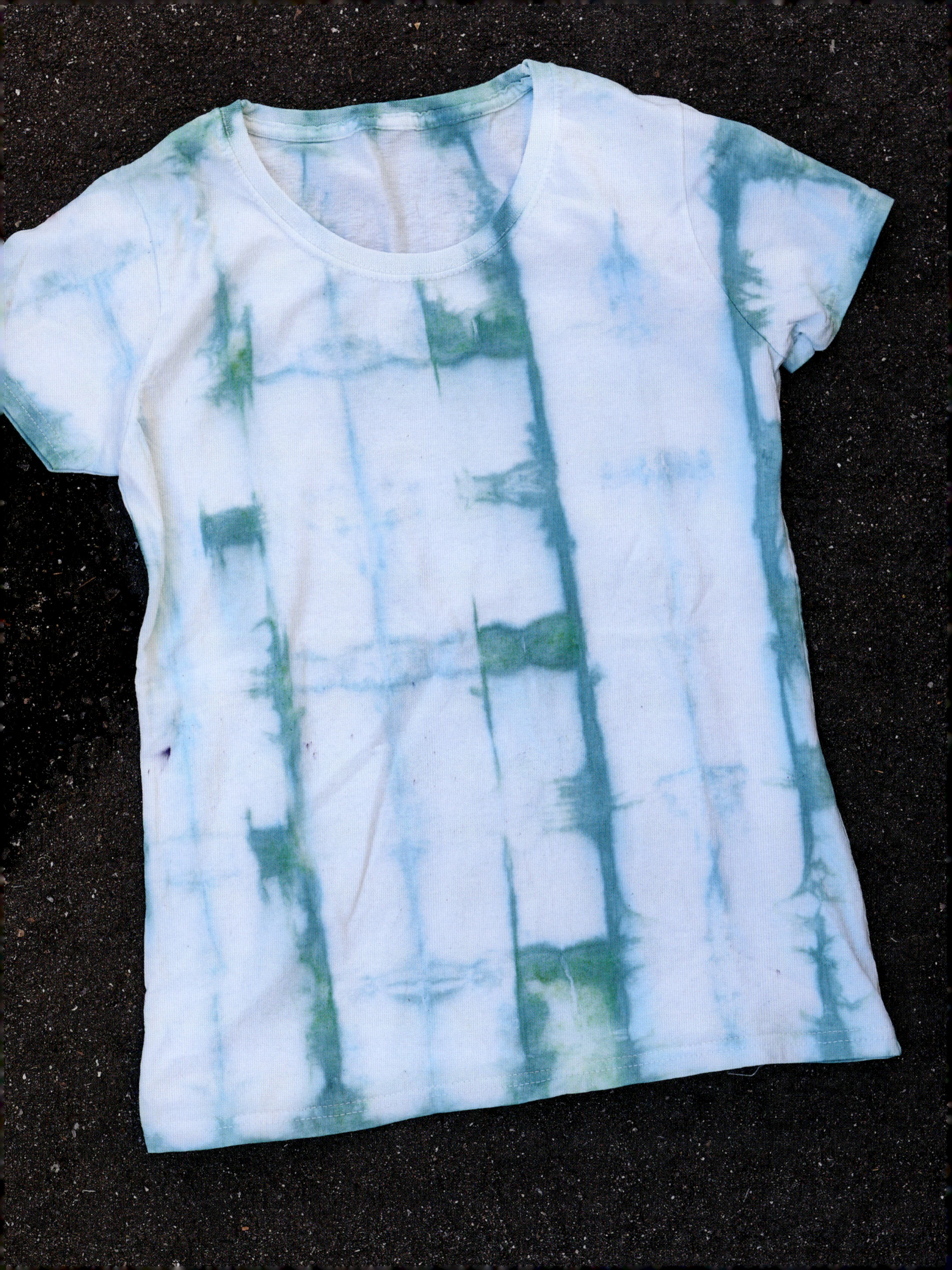

KNOTEN

1. Lege das feuchte Shirt flach aus.
2. Dann schiebst du es diagonal von einer Ecke aus zusammen.
3. Schiebe das Textil immer weiter zusammen, bis es als eine Art Streifen vor dir liegt.
4. Knote den Streifen in der Mitte zusammen.
5. Dieses T-Shirt haben wir im Farbbad gefärbt.

TIPP

Du kannst auch mehrere Knoten in den Streifen machen.

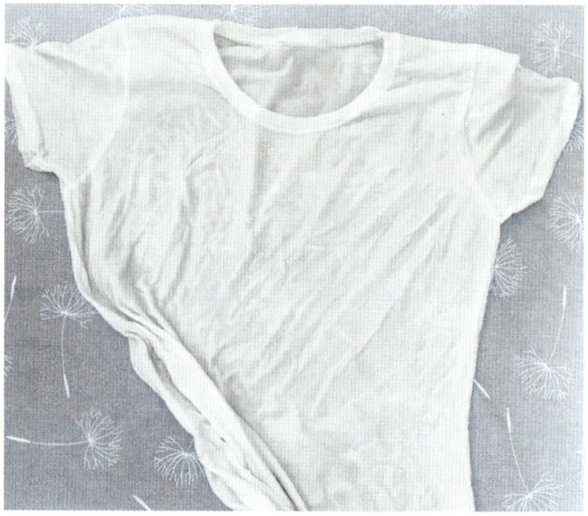

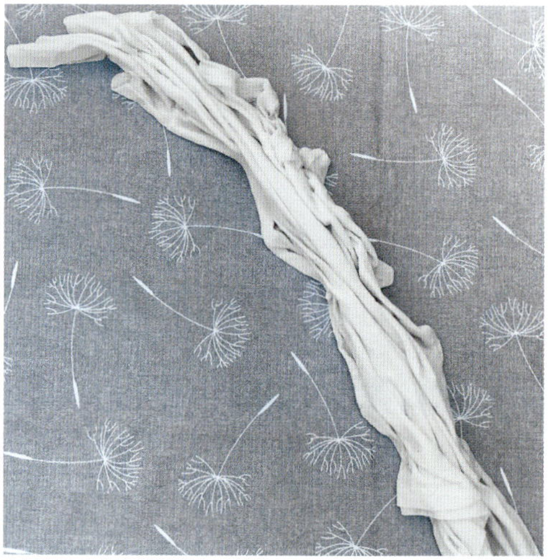

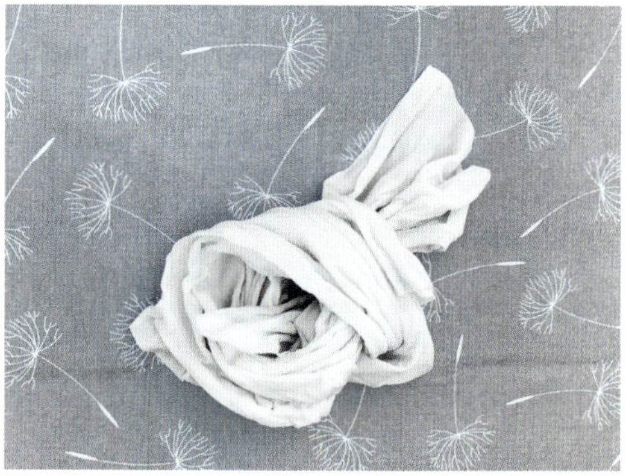

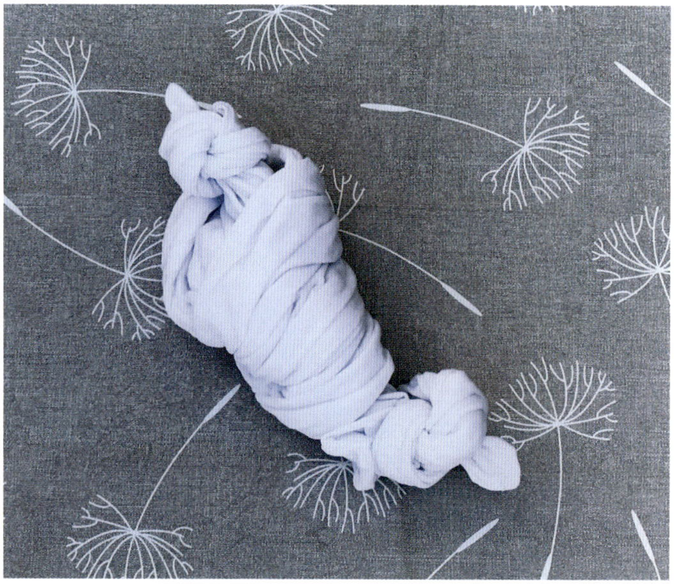

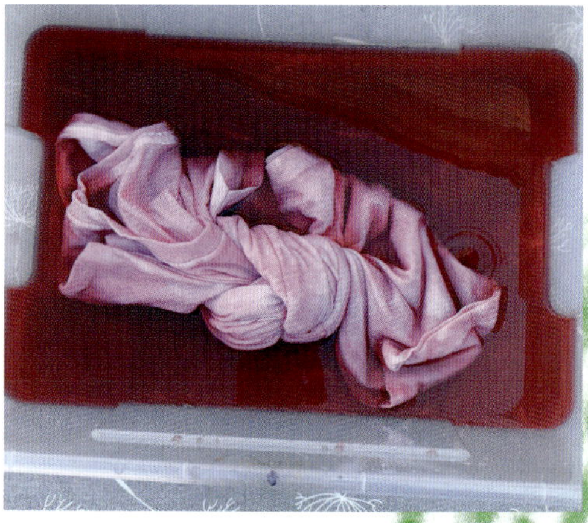

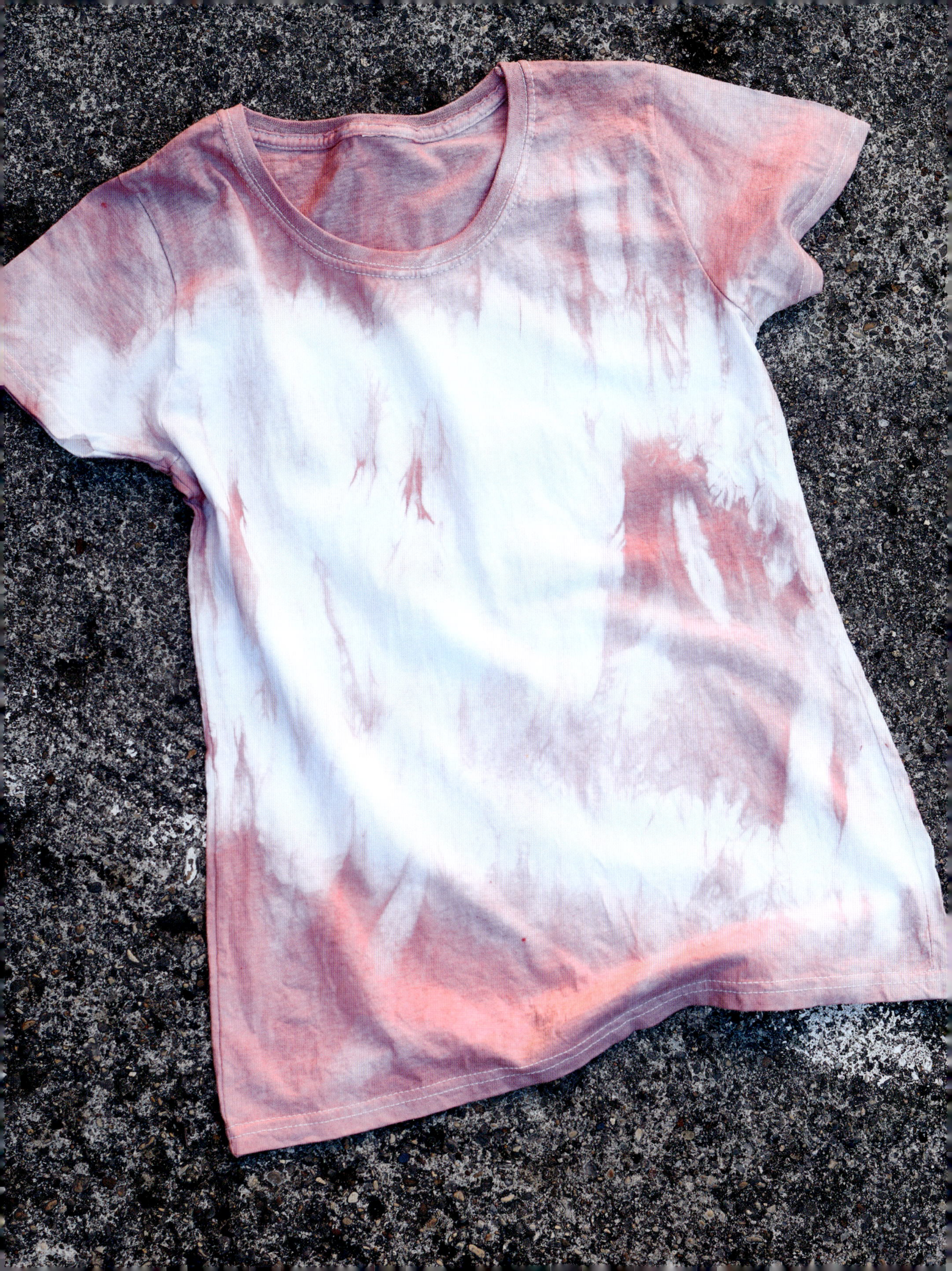

EIS

Für diese Technik benötigst du jede Menge Eiswürfel, einen Backrost und eine Wanne. Wir haben uns eine ganze Tüte Eiswürfel gekauft.

1. Knülle und knautsche dein feuchtes T-Shirt (siehe auch das Boho-Kleid aus Baumwolle auf Seite 50) locker zusammen und lege es auf den Rost. Unter den Rost stellst du eine ausreichend große Wanne oder ein Backblech.
2. Darauf verteilst du nun die Eiswürfel. Achte darauf, dass das komplette Shirt mit Eis bedeckt ist.
3. Streue nun die erste trockene Farbe auf die Eiswürfel. Wir haben einen Rotton verwendet.
4. Dann wird der zweite Rotton aufgestreut. Wenn du magst, kannst du natürlich auch noch mehr Farben verwenden.
5. Und nun kannst du in aller Ruhe zuschauen, wie das Eis langsam schmilzt und die Pigmente löst.
6. Nach und nach sickert das gefärbte Schmelzwasser nach unten durch die Textilie. Die Reste landen in der Wanne.
7. Wenn kein Eis mehr übrig ist lässt du die Farbe am besten noch ein paar Stunden einwirken.

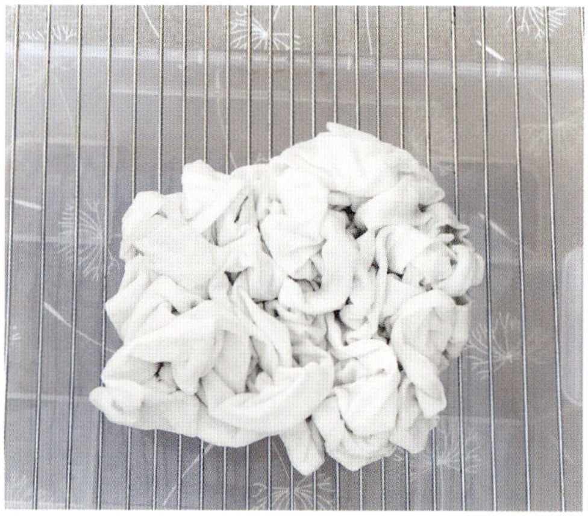

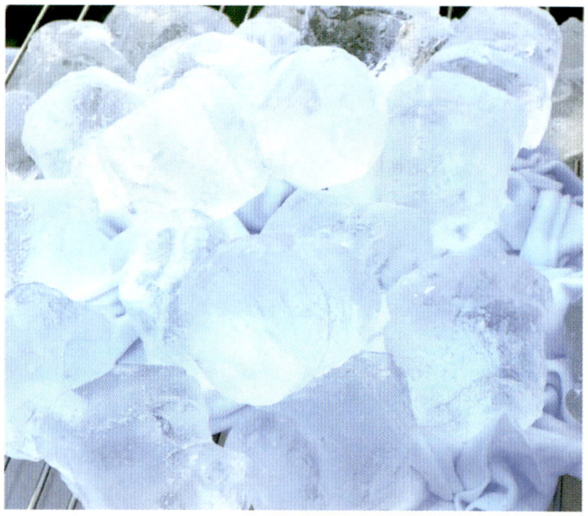

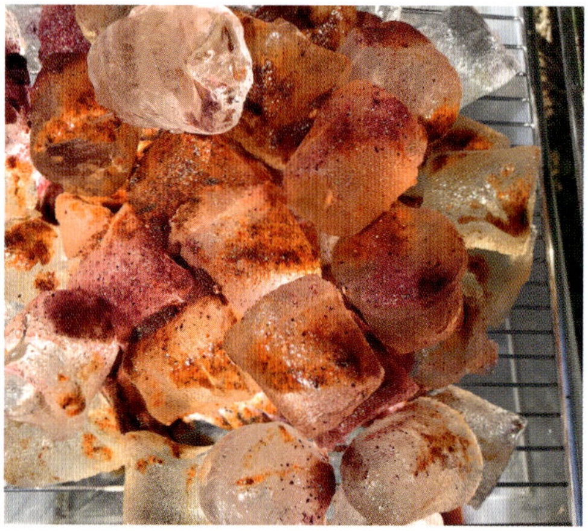

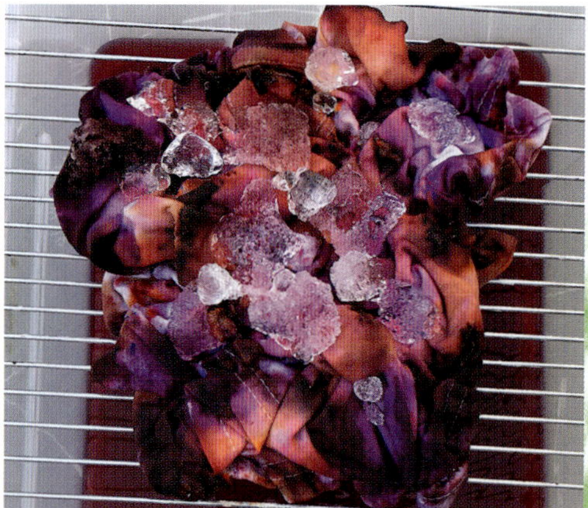

TIPP

Das Schmelzwasser enthält so viele Farbpigmente, dass du es auch noch zum Färben eines anderen Kleidungsstückes einsetzen kannst.

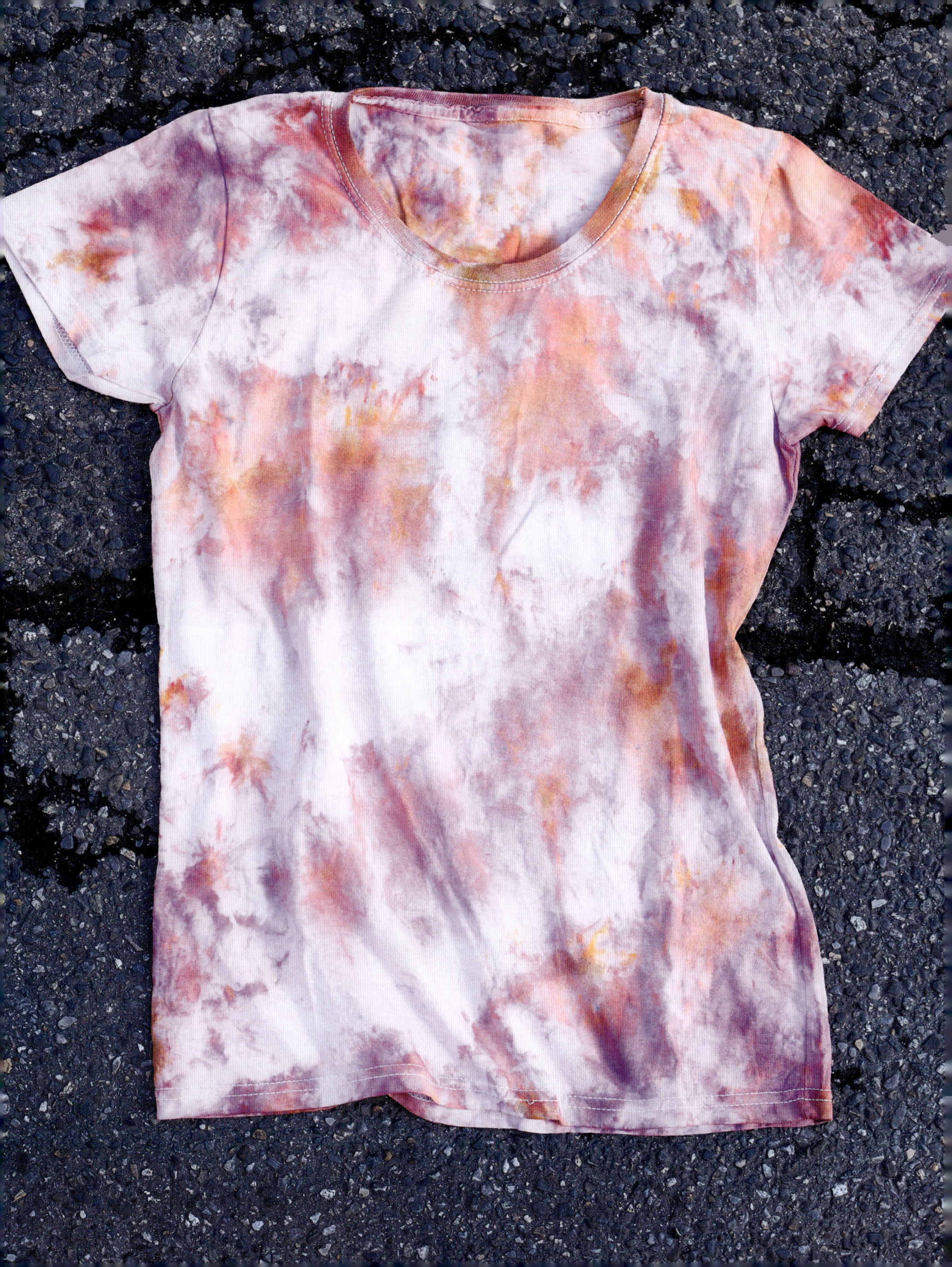

STREIFEN

1. Lege das feuchte Shirt flach aus.
2. Raffe es der Länge nach locker zusammen.
3. So entsteht ein langer Streifen.
4. Binde diesen Streifen nacheinander auf der gesamten Länge in gleichen Abständen fest mit Haushaltsgummis oder einer Schnur ab. Achte darauf, wirklich straff abzubinden, damit die Bindestellen keine Farbe annehmen und weiß bleiben.
5. Lege nun den abgebundenen Strang in eine Wanne oder eine auslaufsichere Plastiktüte.
6. Nun trägst du auf jedes zweite abgebundene Segment den ersten Farbton. Wir haben ein leuchtendes Blau verwendet.
7. Auf die anderen Segmente trägst du den zweiten Farbton auf, bei uns Türkis.

TIPP

Du kannst die Streifen auch in unterschiedlichen Abständen abbinden und mehrere Farben verwenden.

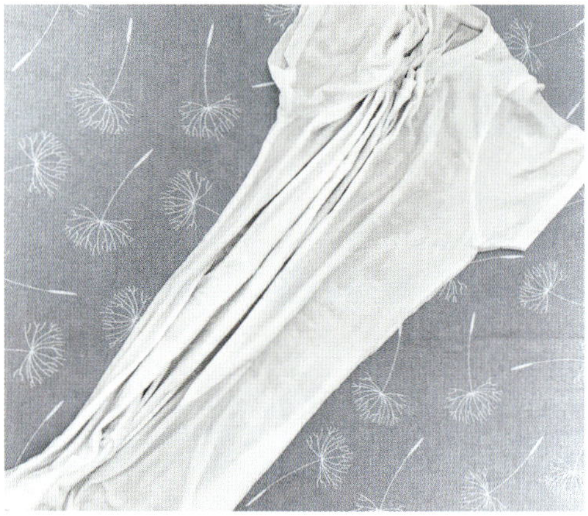

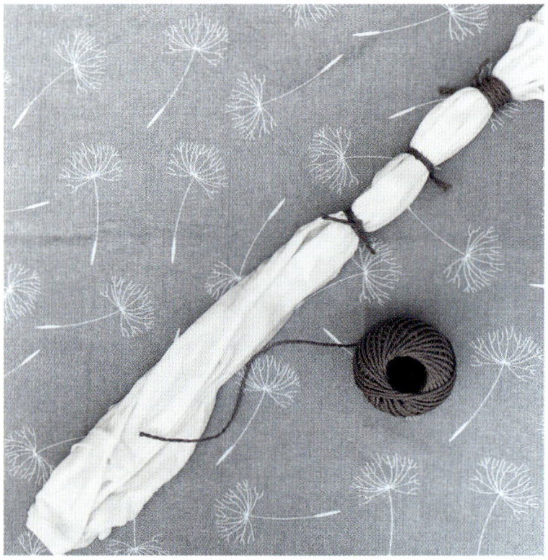

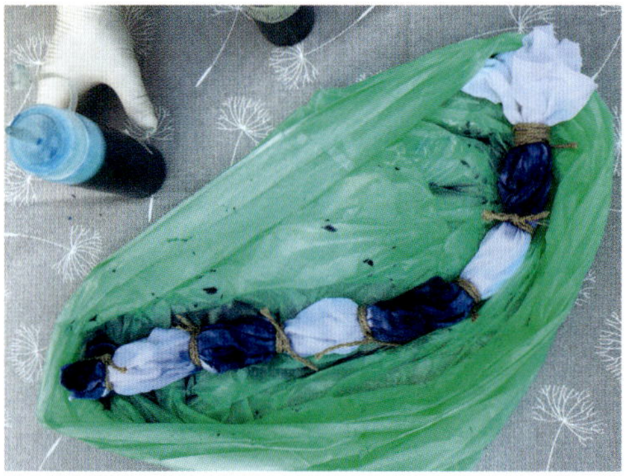

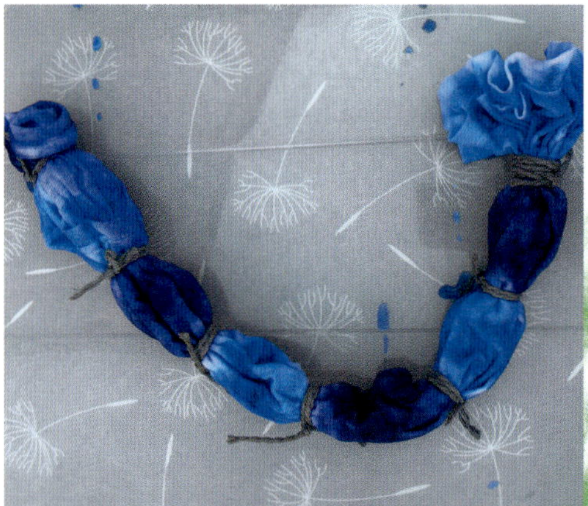

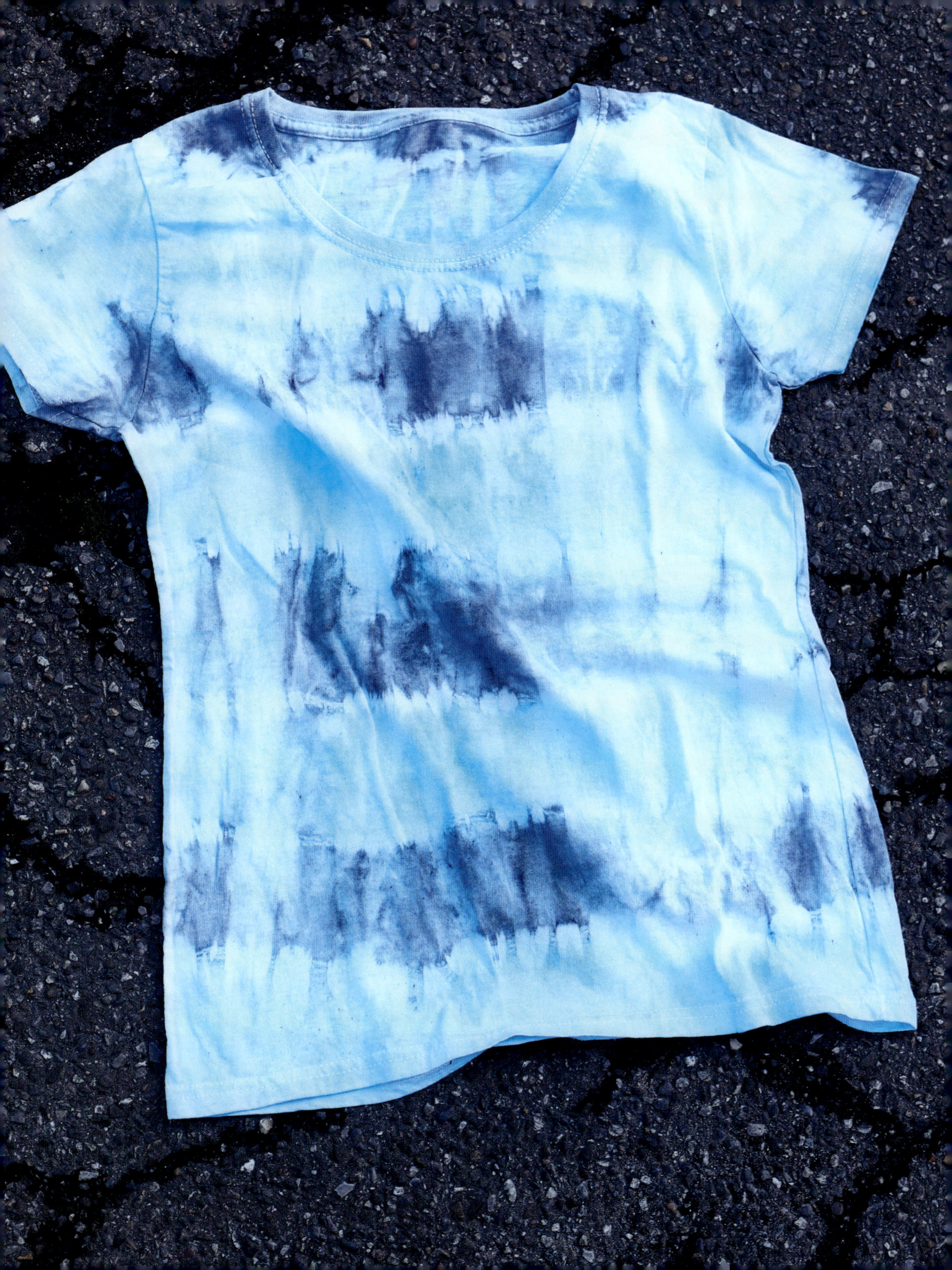

OMBRÉ

1. Lege das feuchte Shirt flach aus.

2. Gib mit der Quetschflasche großzügig Farbe auf den unteren Rand des T-Shirts. Wir haben uns für ein Meeresblau entschieden.

3. Streiche die Farbe mit einem breiten Flachpinsel nach oben. Durch das feuchte T-Shirt wird die Farbe immer heller.

4. Gib unten immer wieder etwas Farbe aus der Quetschflasche hinzu, bis du einen gleichmäßigen Farbverlauf erhältst.

5. Zum Schluss kannst du mit dem Pinsel noch einige Farbspritzer in die helle Fläche spritzen. Dazu einfach den Pinsel über das Shirt halten und mit dem Zeigefinger der anderen Hand auf den Pinsel klopfen.

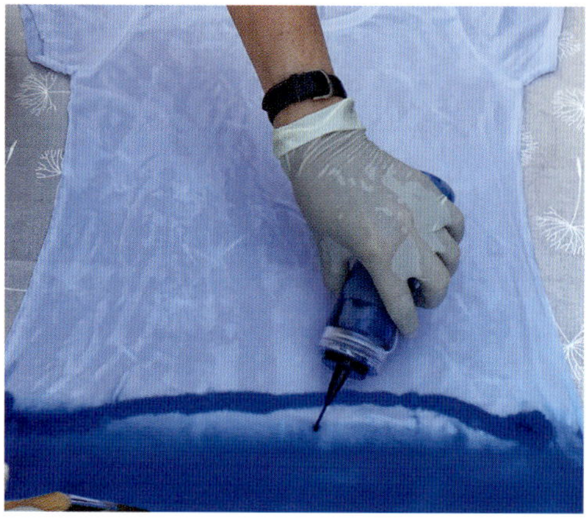

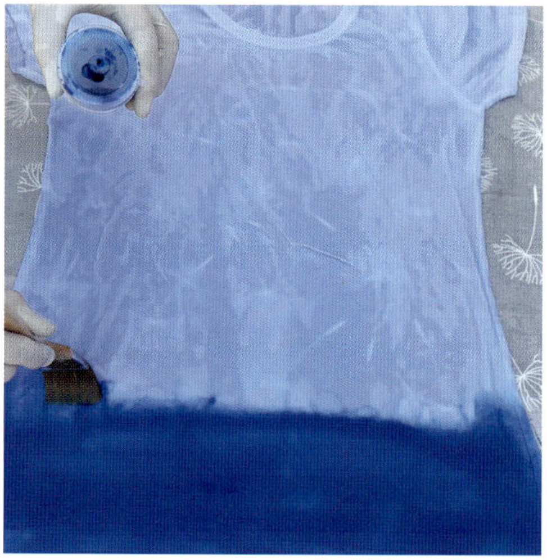

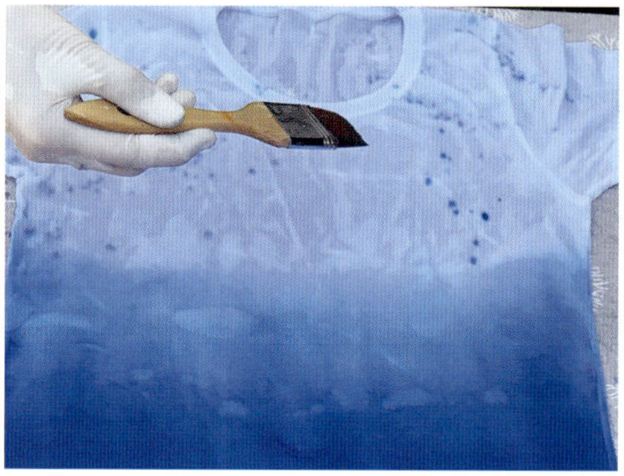

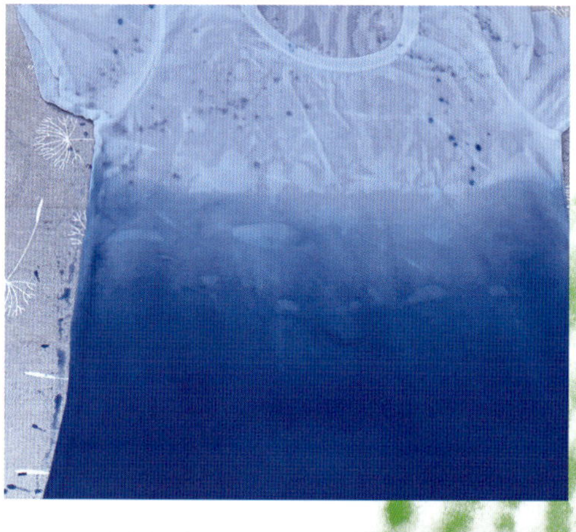

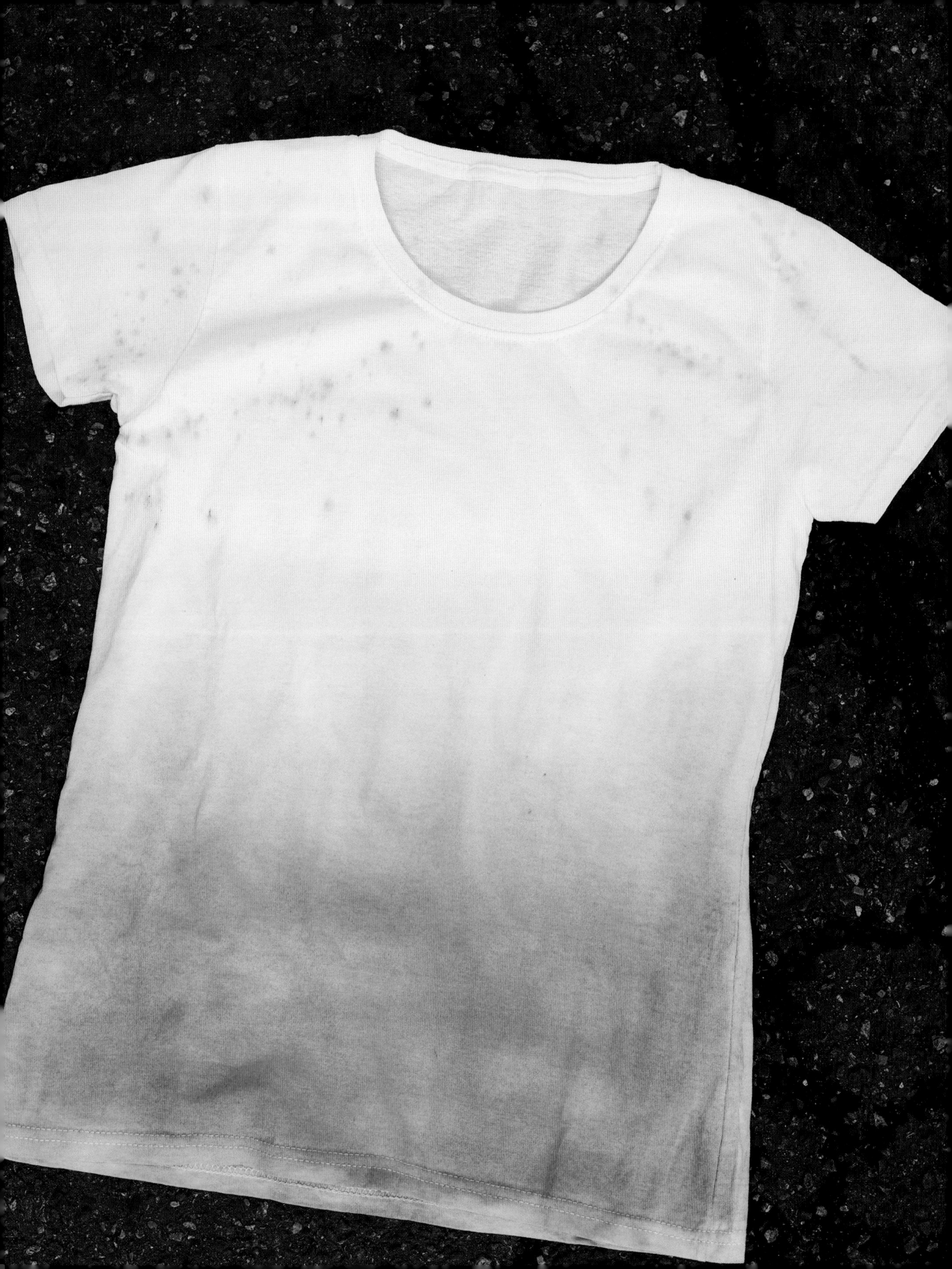

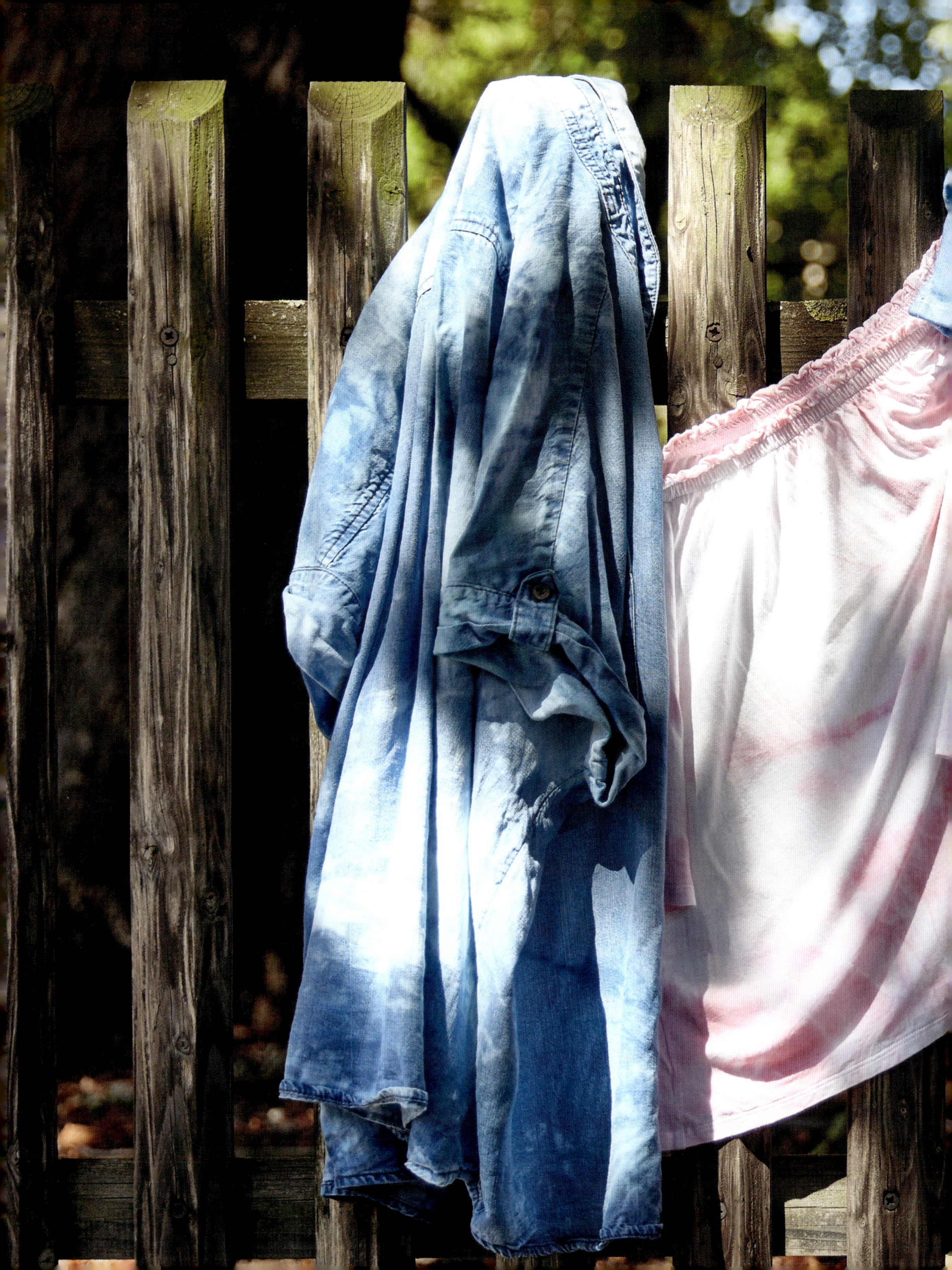

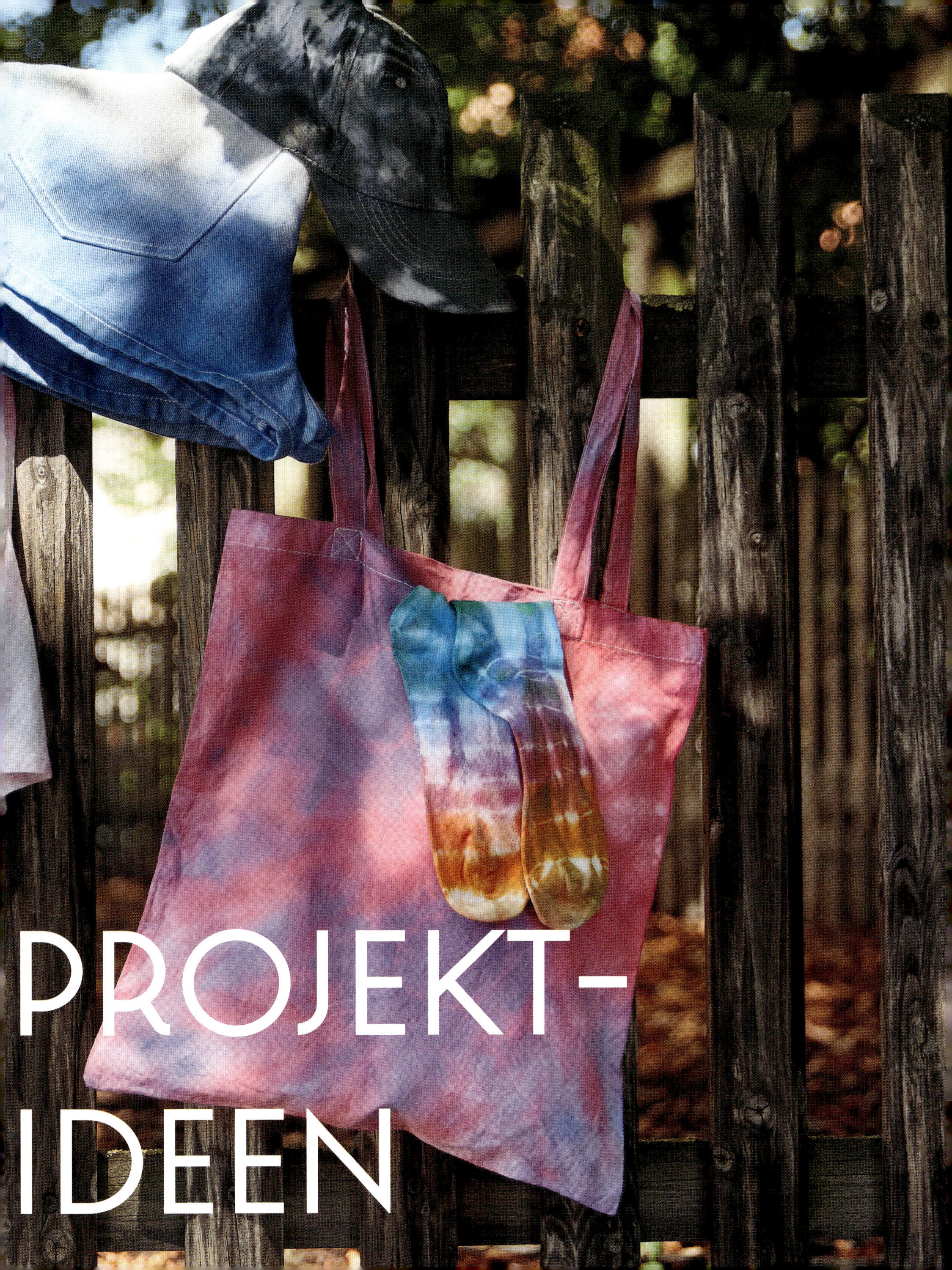

PROJEKT-IDEEN

SOCKEN

Diese Socken wurden hauptsächlich mit der Streifen-Technik gebatikt.
Binde die Socken dazu der Länge nach in unterschiedlich breite Segmente ab.

GRÜNE SOCKEN

Du kannst die Segmente in nur einem Farbton einfärben. Wir haben hier ein Grün verwendet.

REGENBOGENSOCKEN

Socken mit einem Regenbogenverlauf sehen auch schön aus. Wir haben viel Farbe verwendet, sodass die Töne fließend ineinander übergehen.

SOCKEN MIT FARBVERLAUF

Du kannst die Socken auch locker in sich schoppen und dann zum Beispiel mit zwei Farben färben. So erzielst du fließende Übergänge. Wir haben Pink und Orange aufgetragen.

BUNTE SOCKEN

Jedes einzelne Segment kann auch mit unterschiedlichen Farben getränkt werden. Wenn du wenig Farbe verwendest, bleiben viele weiße Flächen frei und es entsteht ein Kästcheneffekt.

TIPP

Socken sind schnell gefärbt und immer wirkungsvoll. Ein tolles Geschenk für liebe Menschen.

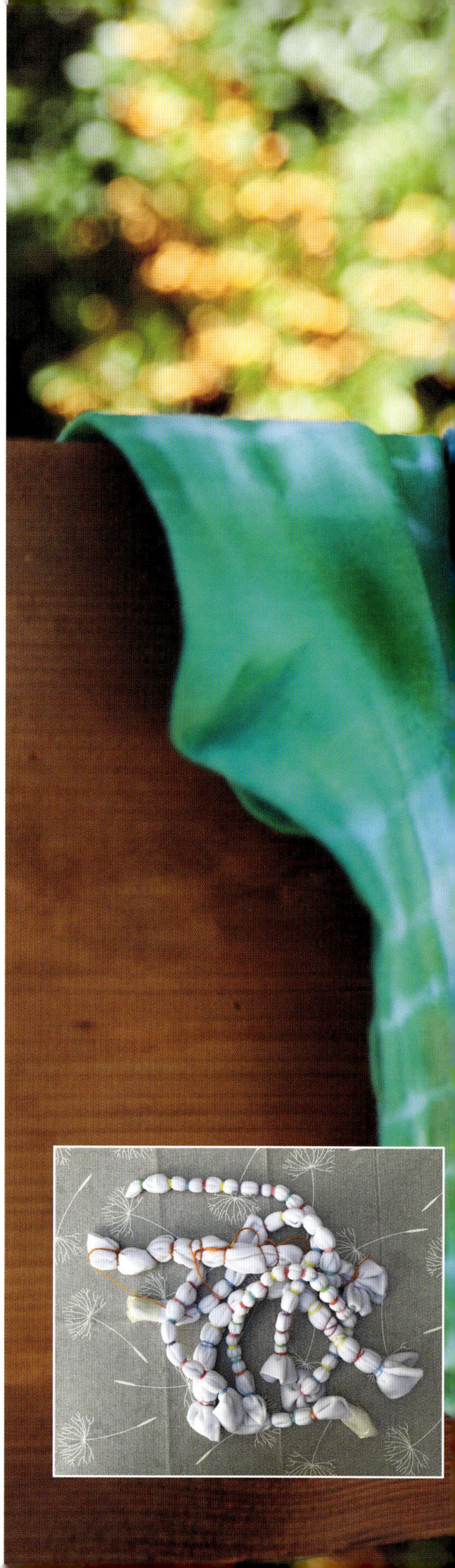

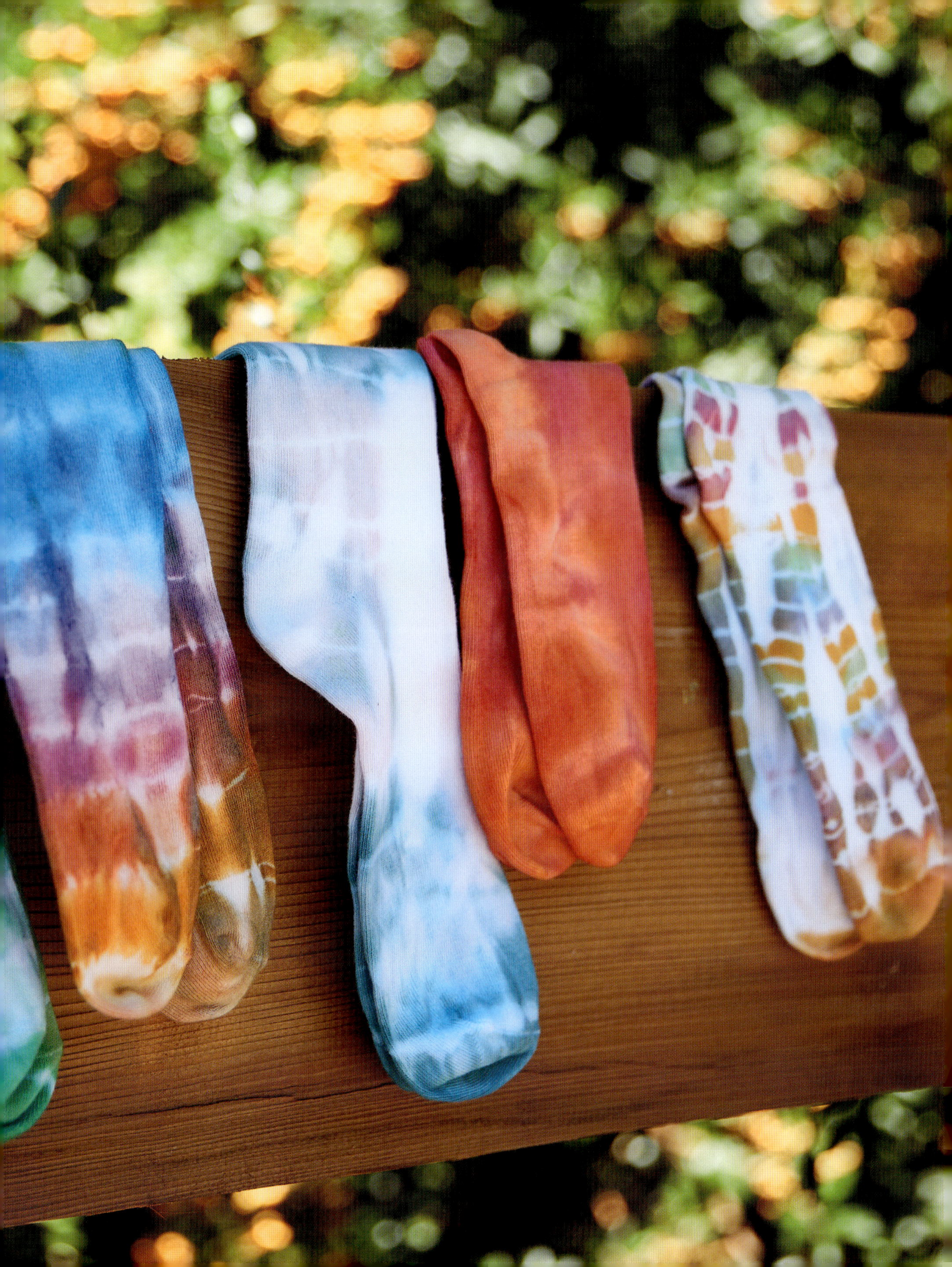

FARBIGE SLIPS

Wer nicht immer nur einfarbige Unterhosen tragen möchte und unterschiedliche Techniken ausprobieren will, kann sich ganz schnell farbige Slips batiken.

PISTAZIE UND MAISGELB GEKNAUTSCHT

Unterhose einfach knautschen und mit Gummis fixieren. Danach mit Farben in Quetschflaschen in Pistazie und Maisgelb färben.

ORANGEFARBEN MIT FALTTECHNIK

Hier wird die Unterhose zuerst gefaltet und dann abgebunden. Anschließend mit Farben in Quetschflaschen in Orange und Maisgelb färben.

ROSA UND LILA MIT EINGEBUNDENEN MURMELN

Zuerst die Murmeln mit kleinen Gummis einbinden. Mit Farben in Quetschflaschen in Rosa und Lila färben.

TIPP

Passend zu den Slips kannst du dir auch deine Unterhemden färben.

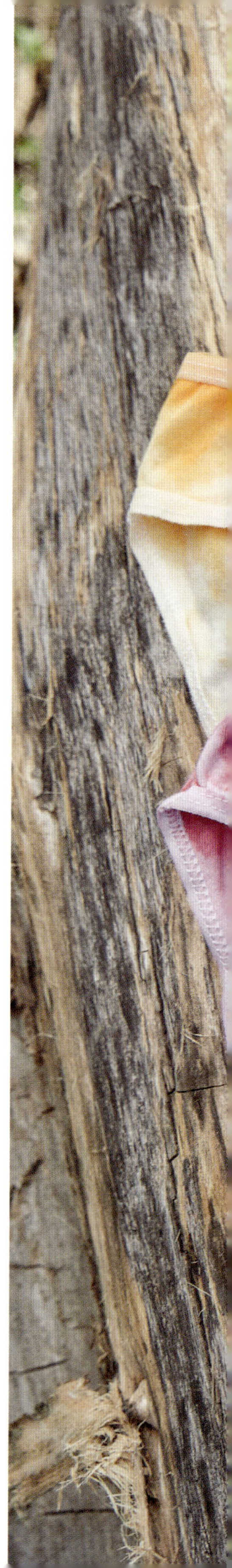

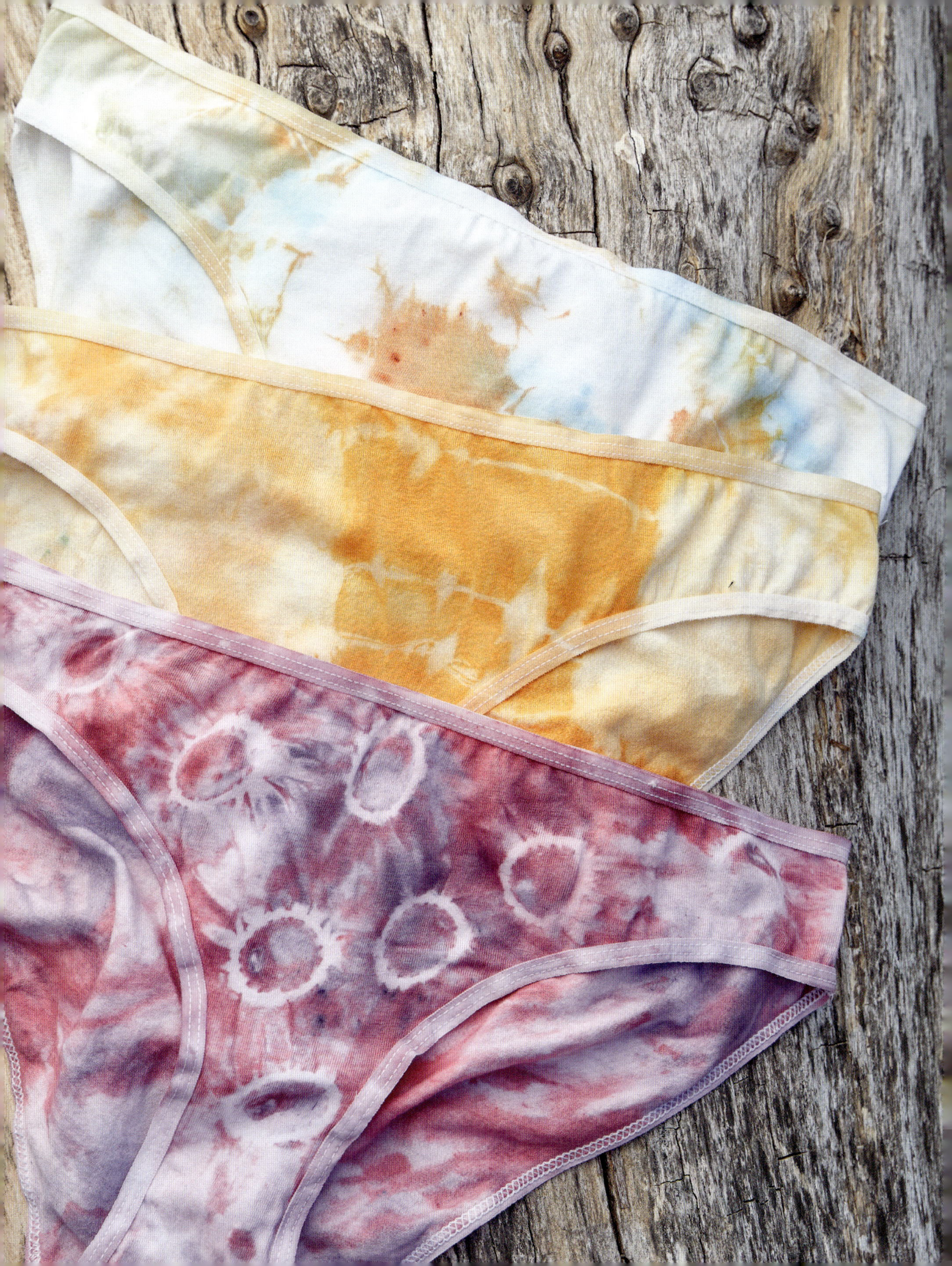

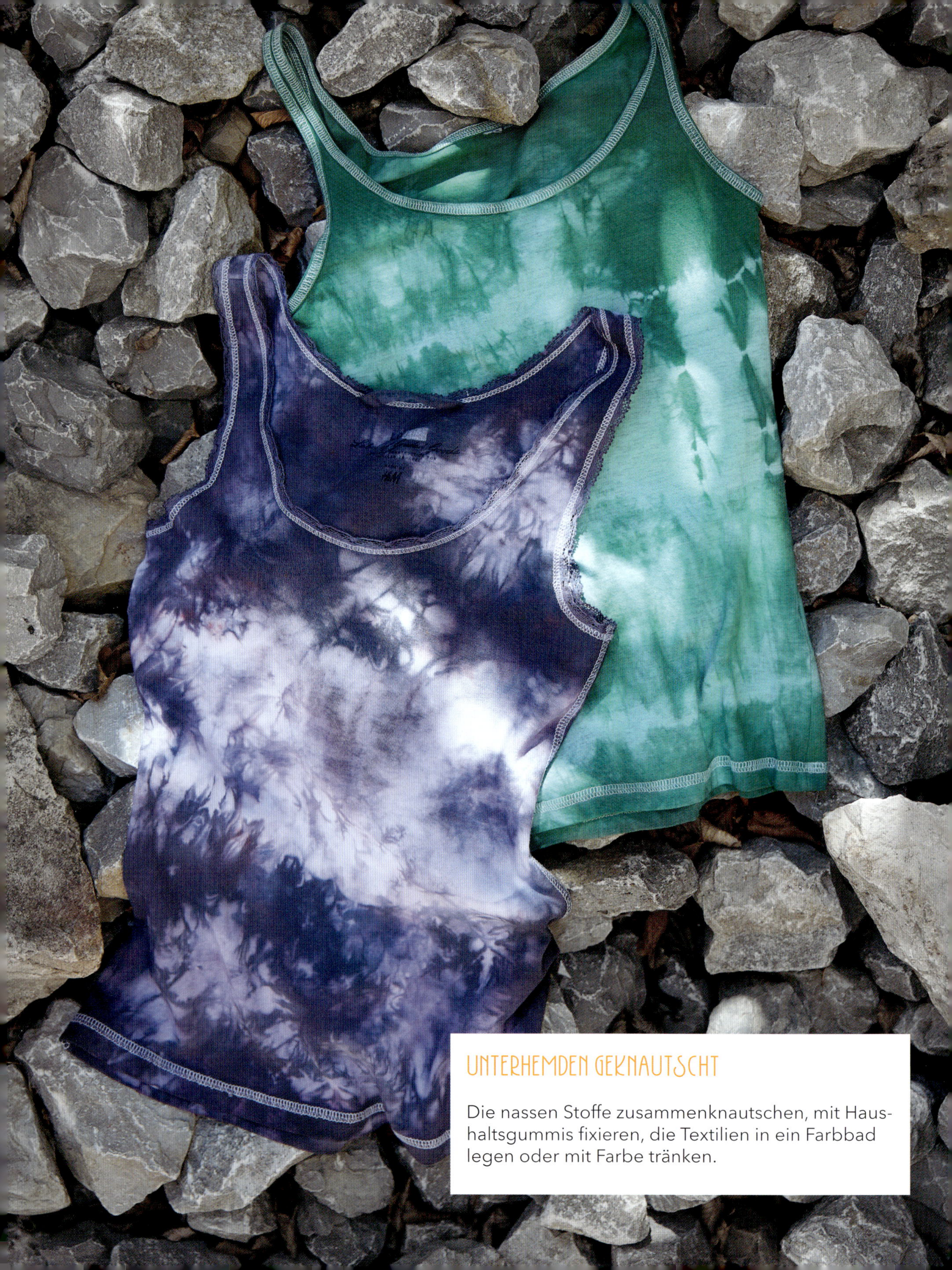

UNTERHEMDEN GEKNAUTSCHT

Die nassen Stoffe zusammenknautschen, mit Haushaltsgummis fixieren, die Textilien in ein Farbbad legen oder mit Farbe tränken.

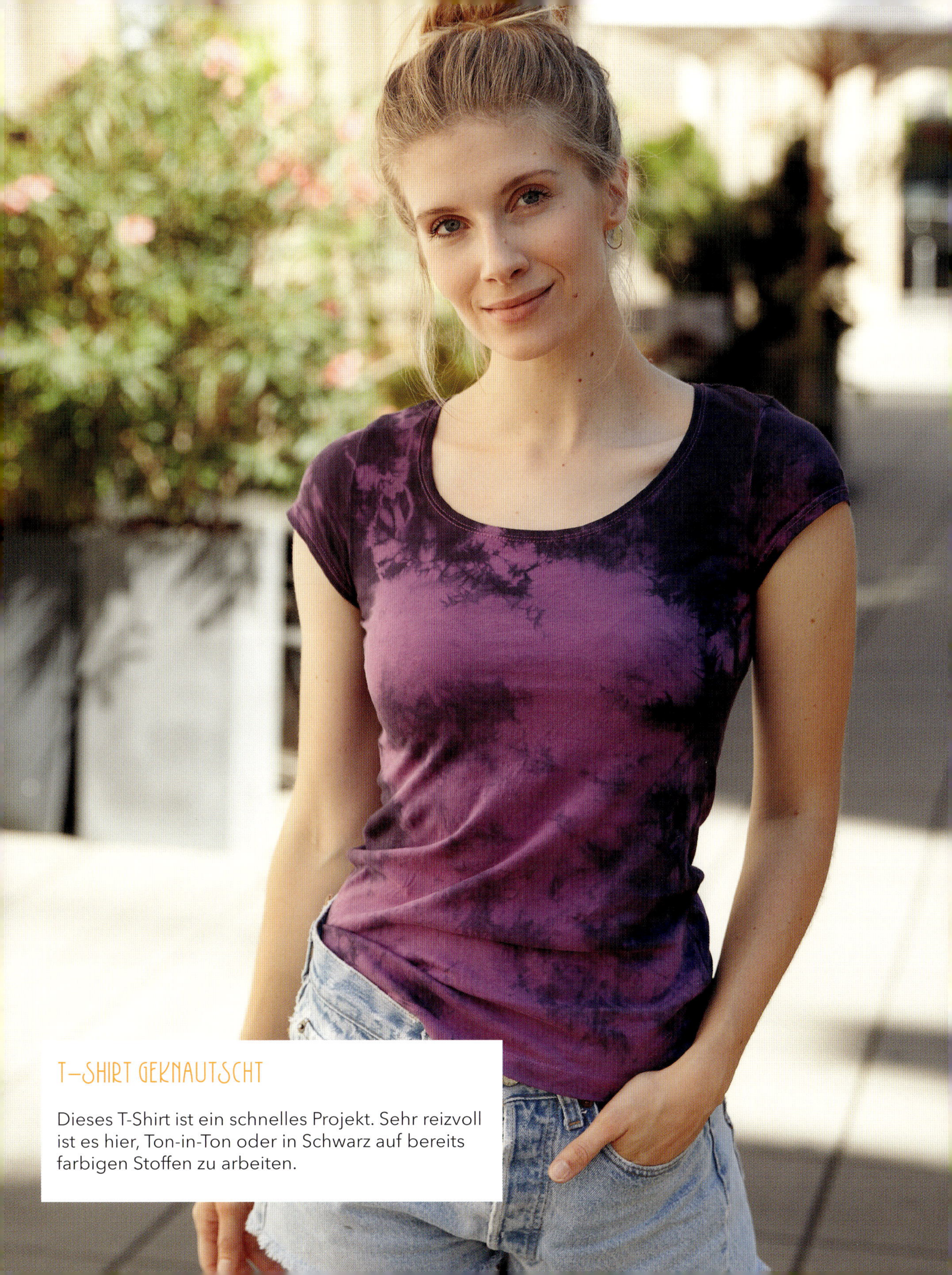

T-SHIRT GEKNAUTSCHT

Dieses T-Shirt ist ein schnelles Projekt. Sehr reizvoll ist es hier, Ton-in-Ton oder in Schwarz auf bereits farbigen Stoffen zu arbeiten.

JEANSHEMD

Wenn man mit bereits gefärbten Textilien arbeitet, ergeben sich sehr interessante und intensive Effekte. Ein langweiliges Jeanshemd wird zum individuellen Einzelstück. Dafür kommen mehrere Techniken zum Einsatz.

MIT RINGELTECHNIK UND BLEICHE

Zuerst das angefeuchtete Hemd ausgehend von einem Punkt auf Brusthöhe zusammendrehen und in unterschiedlichen Abständen abbinden. Mit dunkelblauer Batikfarbe tränken. Der recht dicke Jeansstoff muss von der Farbe gut durchfeuchtet sein, wenn du eine großflächige Färbung willst. Die Schnur lösen, den Stoff ausspülen und trocknen lassen.

Danach das Hemd vom selben Punkt ausgehend erneut anfeuchten, zusammendrehen und abbinden. Dabei sitzen die Abbindungen an anderen Stellen. Den Stoff vorsichtig mit Bleiche tränken, dabei unbedingt Handschuhe tragen und die Vorsichtshinweise auf der Flasche beachten.

Für gute Belüftung sorgen, am besten im Freien arbeiten. Die Bleiche einwirken lassen und immer wieder kontrollieren, ob der gewünschte Effekt erreicht ist. Das dauert meist zwischen 15 und 30 Minuten. Den Stoff sehr gut ausspülen, die Abbindungen öffnen.

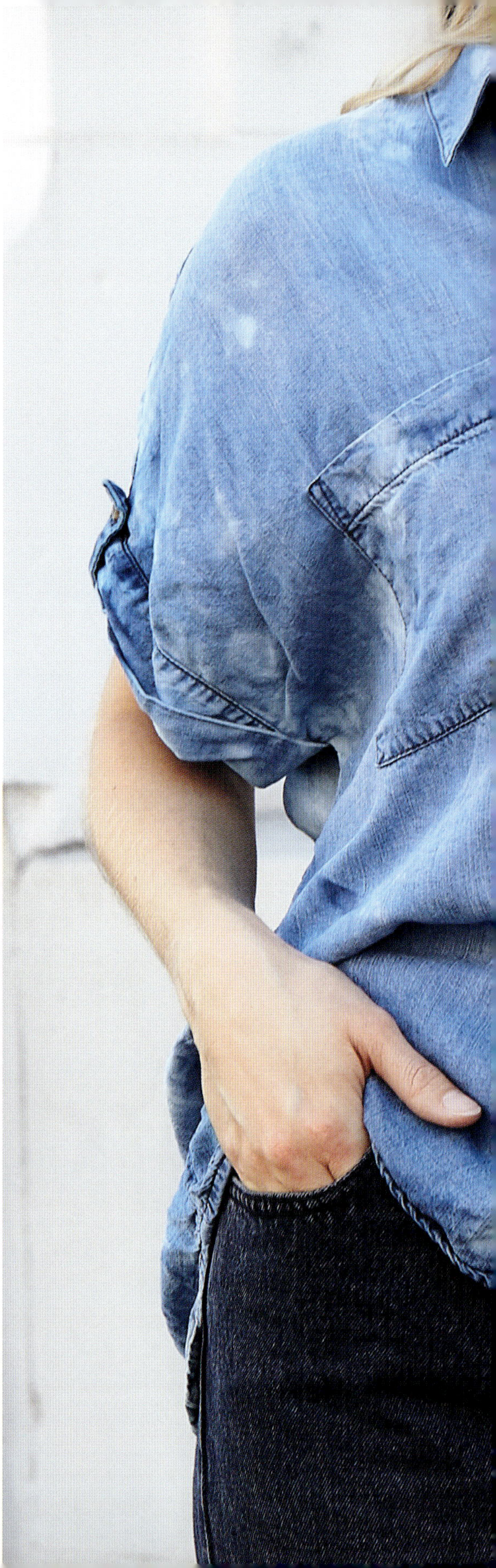

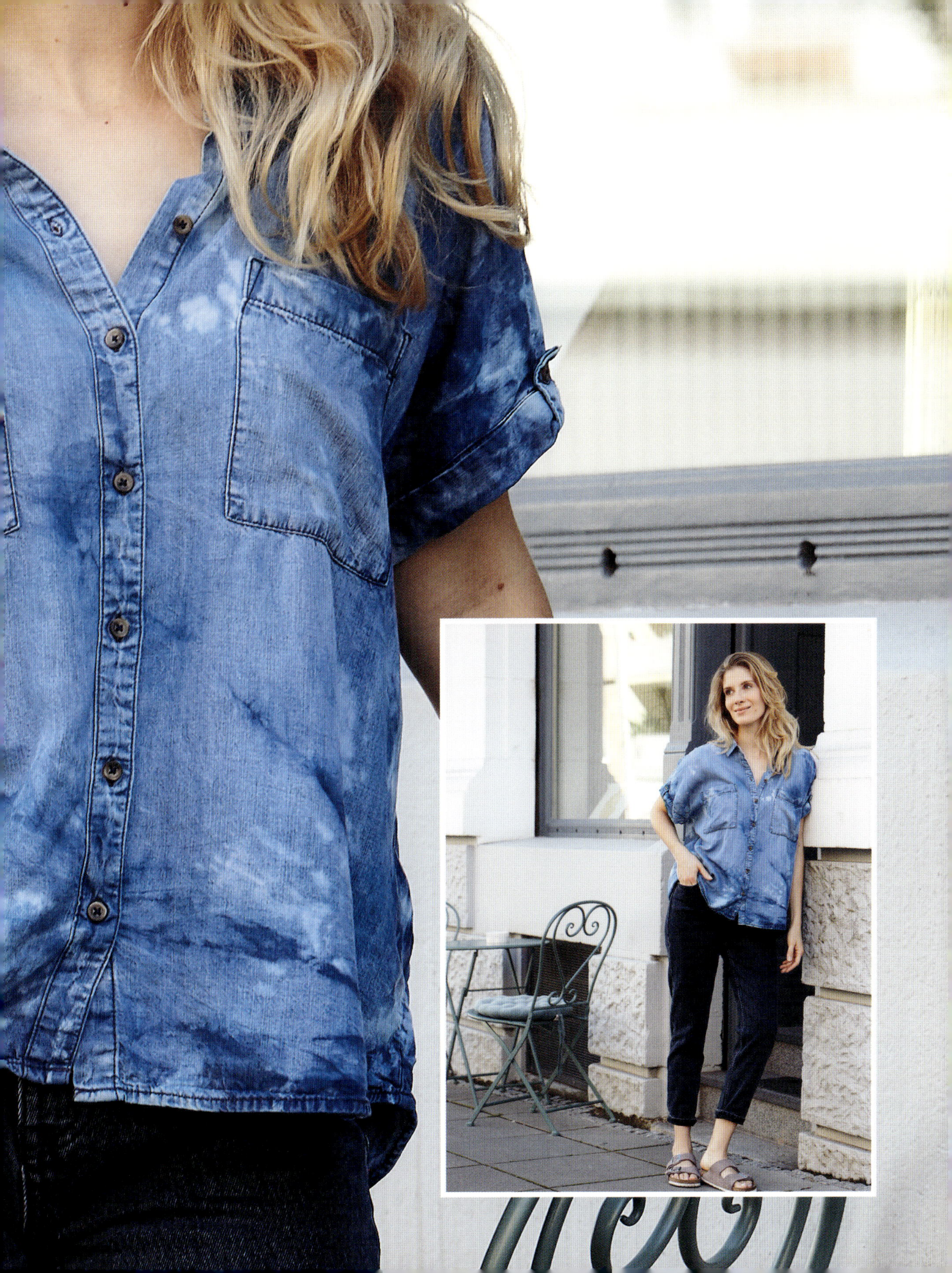

CAPS

Auch Caps kannst du im Batiklook gestalten.

PINKE UND SCHWARZE CAP

Es macht zum Beispiel total Spaß, mit dem puren Farbpulver zu experimentieren. Verwende dafür nur einen Farbton oder mische passende Farben in einer Schüssel. Für unsere Caps haben wir Schwarz und Pink verwendet (oben und unten). Mit Hilfe eines kleinen Siebes kannst du dann die Farbe auf deine feuchte Cap oder ein anderes Textil sieben. Die einzelnen Pigmente verlaufen und ergeben interessante Effekte.

SCHWARZE ABGEBUNDENE CAP

Du kannst die Cap auch abbinden, anfeuchten und dann mit Farbe tränken. Wir haben uns hier für Schwarz entschieden (Mitte).

TIPP

Anstelle von Caps kannst du auch leichte Baumwollmützen mit schönen Mustern färben. Das klappt nicht nur auf Weiß, sondern auch auf jeder anderen hellen Farbe, die du mit einer dunkleren Farbe färbst.

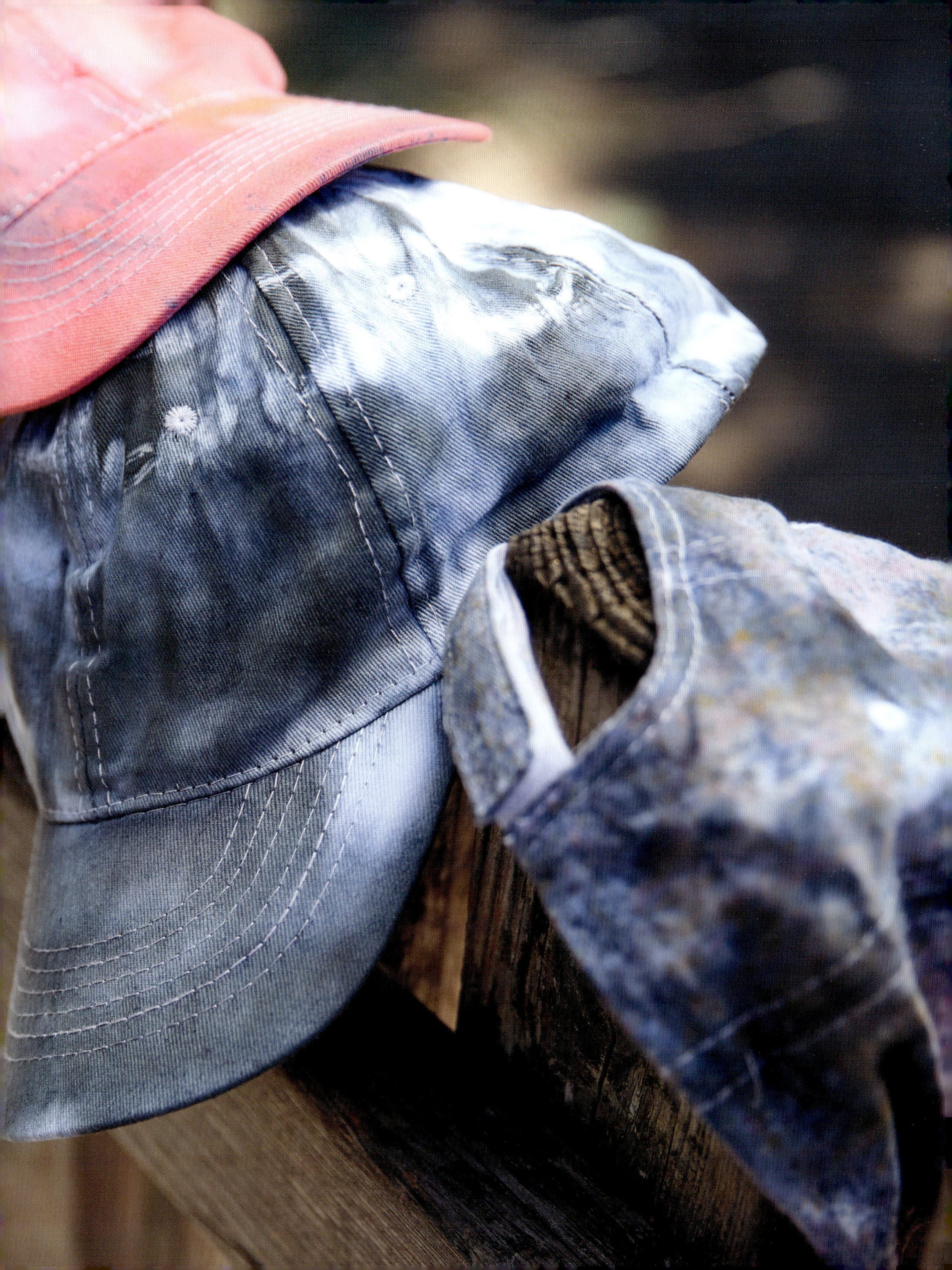

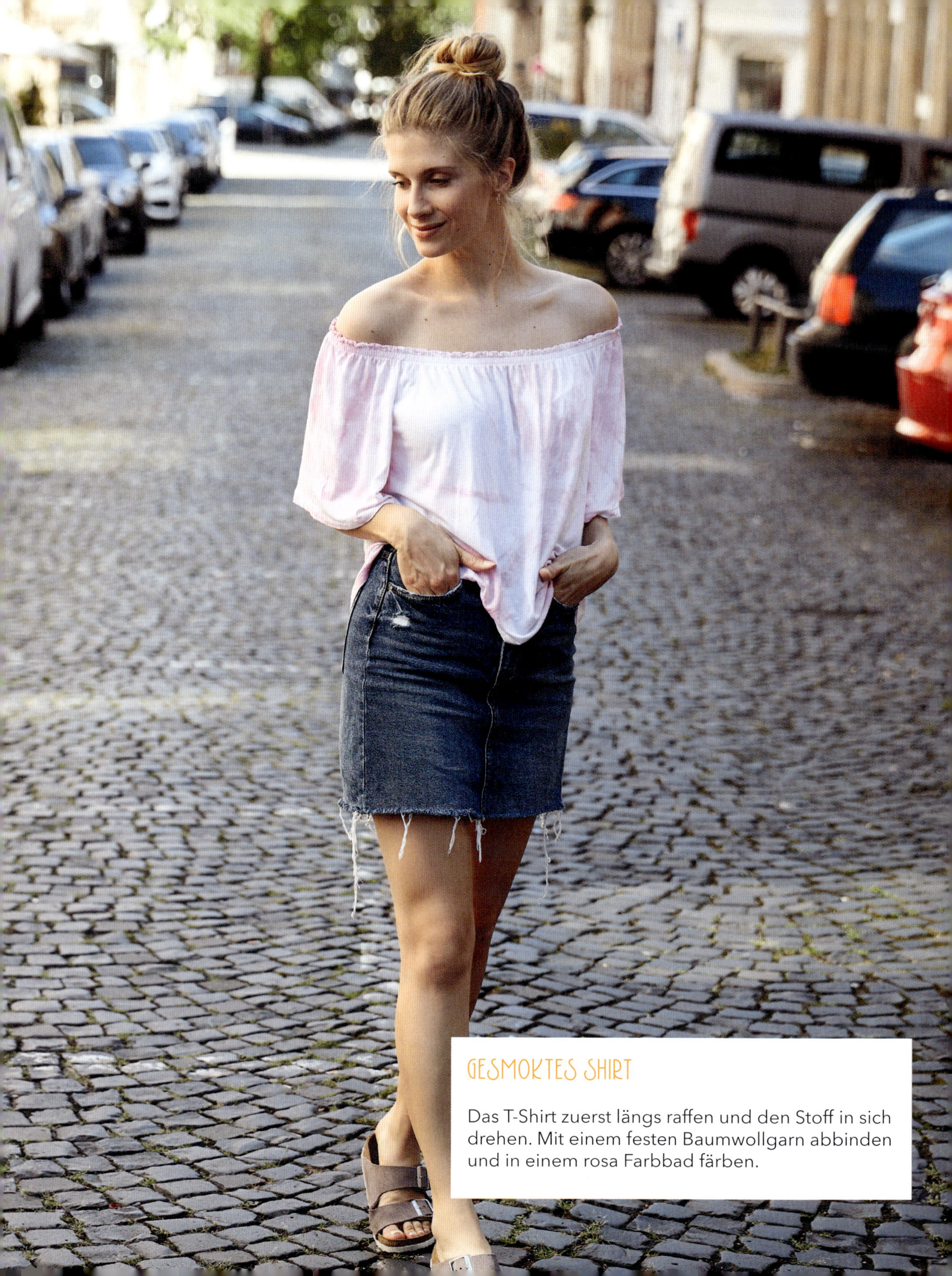

GESMOKTES SHIRT

Das T-Shirt zuerst längs raffen und den Stoff in sich drehen. Mit einem festen Baumwollgarn abbinden und in einem rosa Farbbad färben.

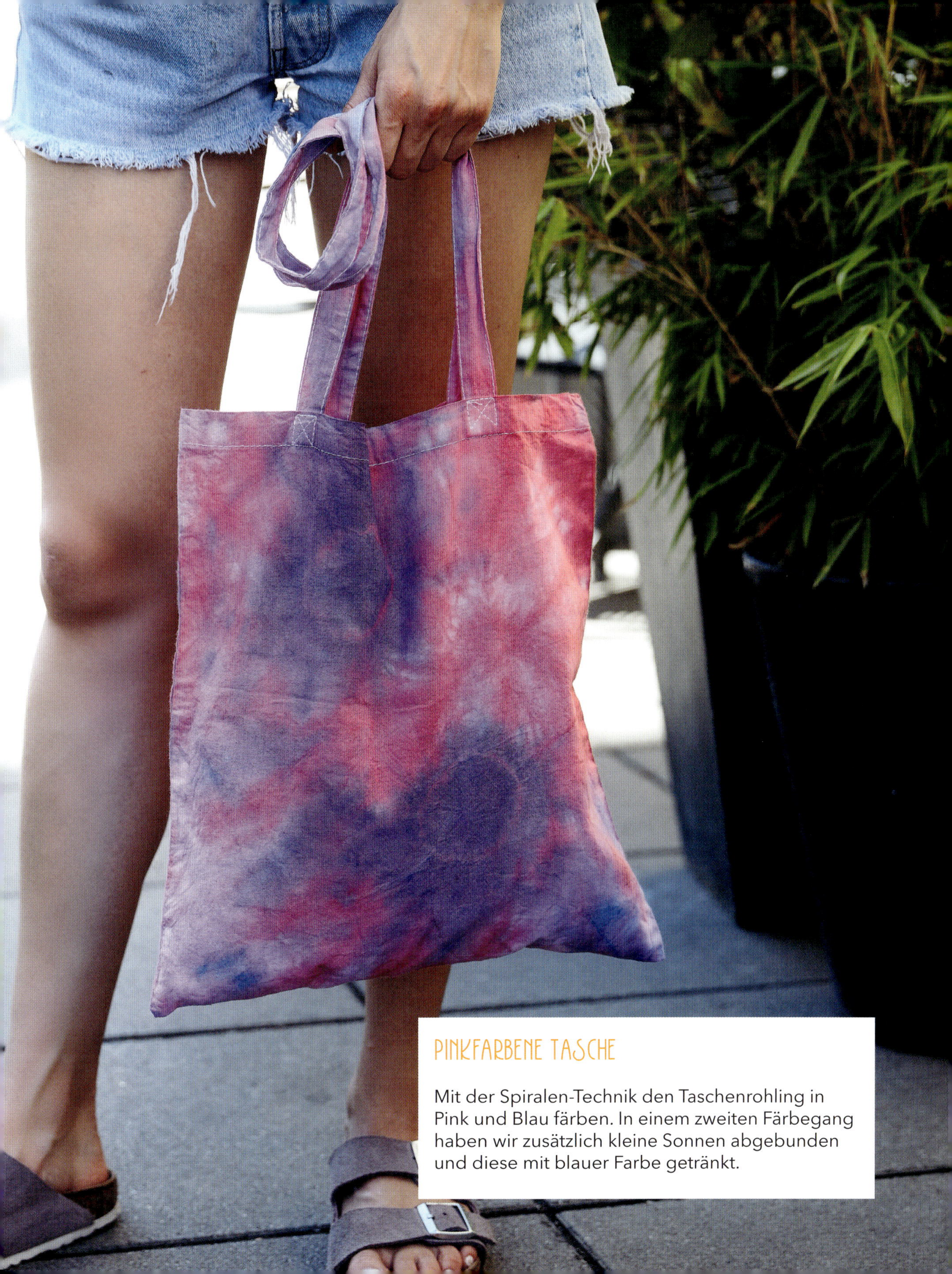

PINKFARBENE TASCHE

Mit der Spiralen-Technik den Taschenrohling in Pink und Blau färben. In einem zweiten Färbegang haben wir zusätzlich kleine Sonnen abgebunden und diese mit blauer Farbe getränkt.

KURZE JEANS-HOTPANTS

Einfach – aber immer wirkungsvoll: die Ombré-Technik.

Für die Verwendung eines Flachpinsels ist eine Jeans zu dick. Hier ist die Tauch-Technik besser geeignet. Rühre ein Farbbad nach Herstellerangaben an. Wir haben ein dunkles Blau verwendet.

Tauche die Hose ungefähr bis zur Hälfte in das Farbbad ein. Belasse die Shorts im Farbbad, bis sie die gewünschte Farbigkeit erreicht hat. Der sanfte Ombré-Effekt entsteht dadurch, dass die Farbe durch die Feuchtigkeit in der Hose aufgesaugt wird.

Ein paar Spritzer im oberen Bereich verbinden die weiße und die blaue Fläche.

TIPP

Die Technik sieht auch an einer langen Hose fantastisch aus.

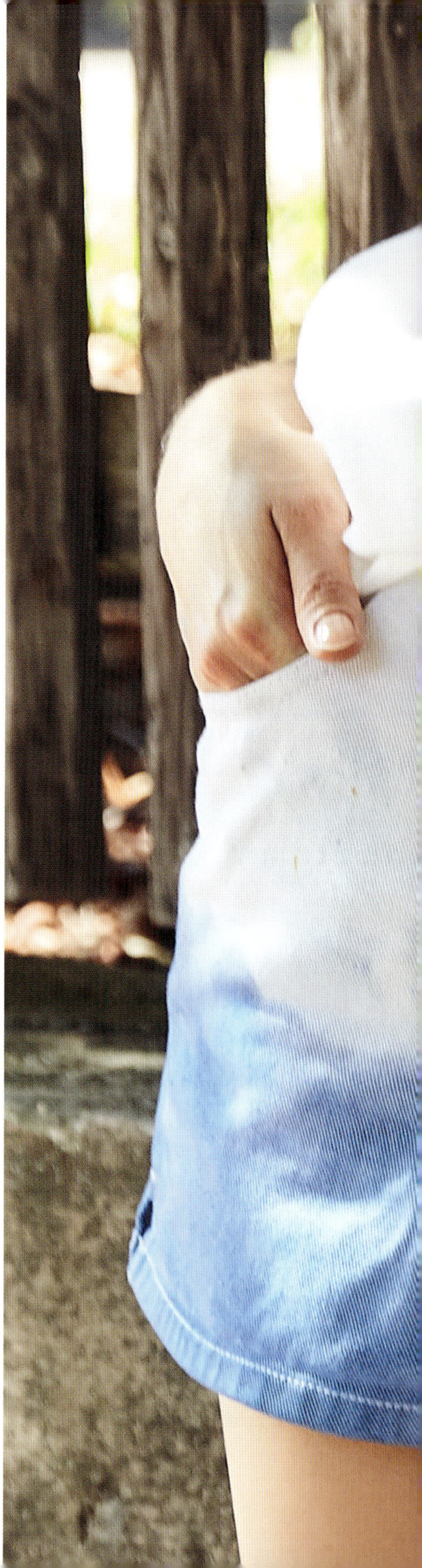

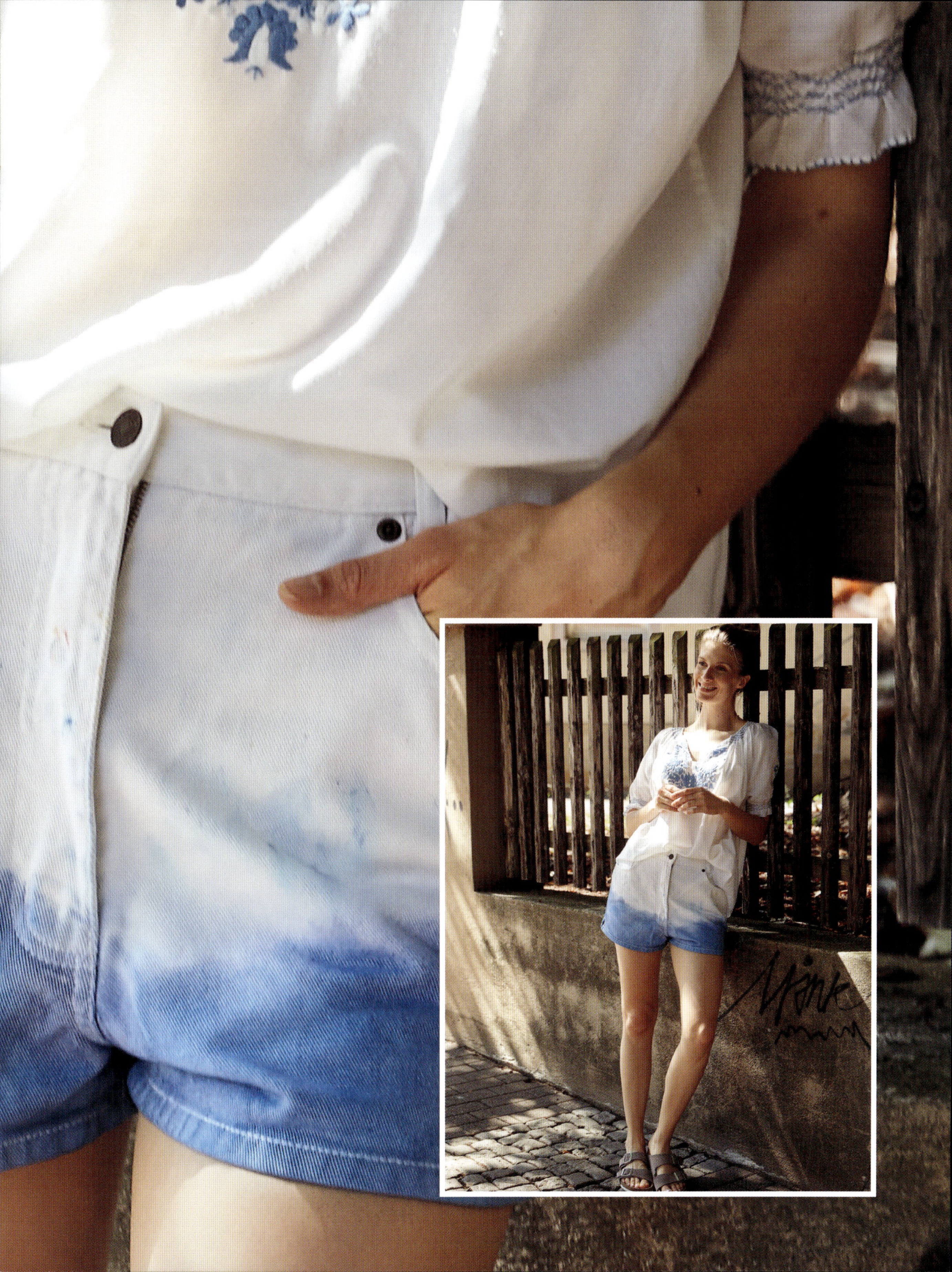

BABYKLEIDUNG

Auch die Kleinsten freuen sich über kunterbunte Batikmode.

BODY

Binde auf der Vorderseite des Bodys eine Sonne mit drei Wicklungen ab. Fass die Ärmel zusammen und binde sie einmal ab. Das Unterteil wird zweimal abgebunden.

Nun kannst du die einzelnen Segmente in verschiedenen Farben einfärben. Wir haben unterschiedliche Blau- und Grüntöne sowie Violett verwendet.

LANGARMSHIRT

Auf der Vorderseite des Shirts werden kleine Zipfel abgebunden. Verwende dafür am besten kleine Haushaltsgummis. Die Ärmel trennst du mit weiteren Gummis der Länge nach in unterschiedliche Segmente ab.

Durchfeuchte die Ärmelsegmente abwechselnd mit Pink und Orange. Die abstehenden Zipfel tränkst du mit Orange, den Rest des Vorderteils und das komplette Rückenteil mit Pink.

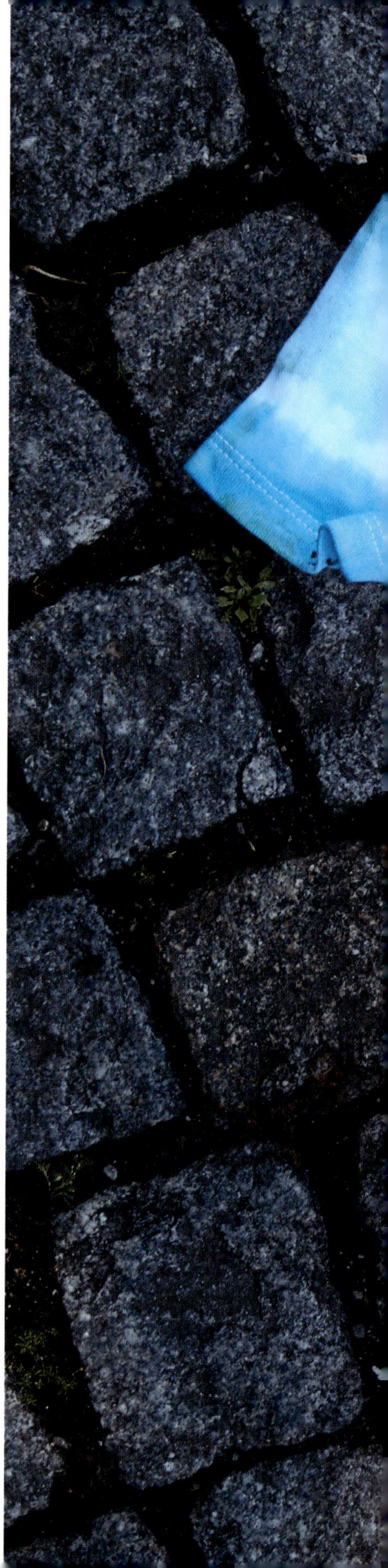

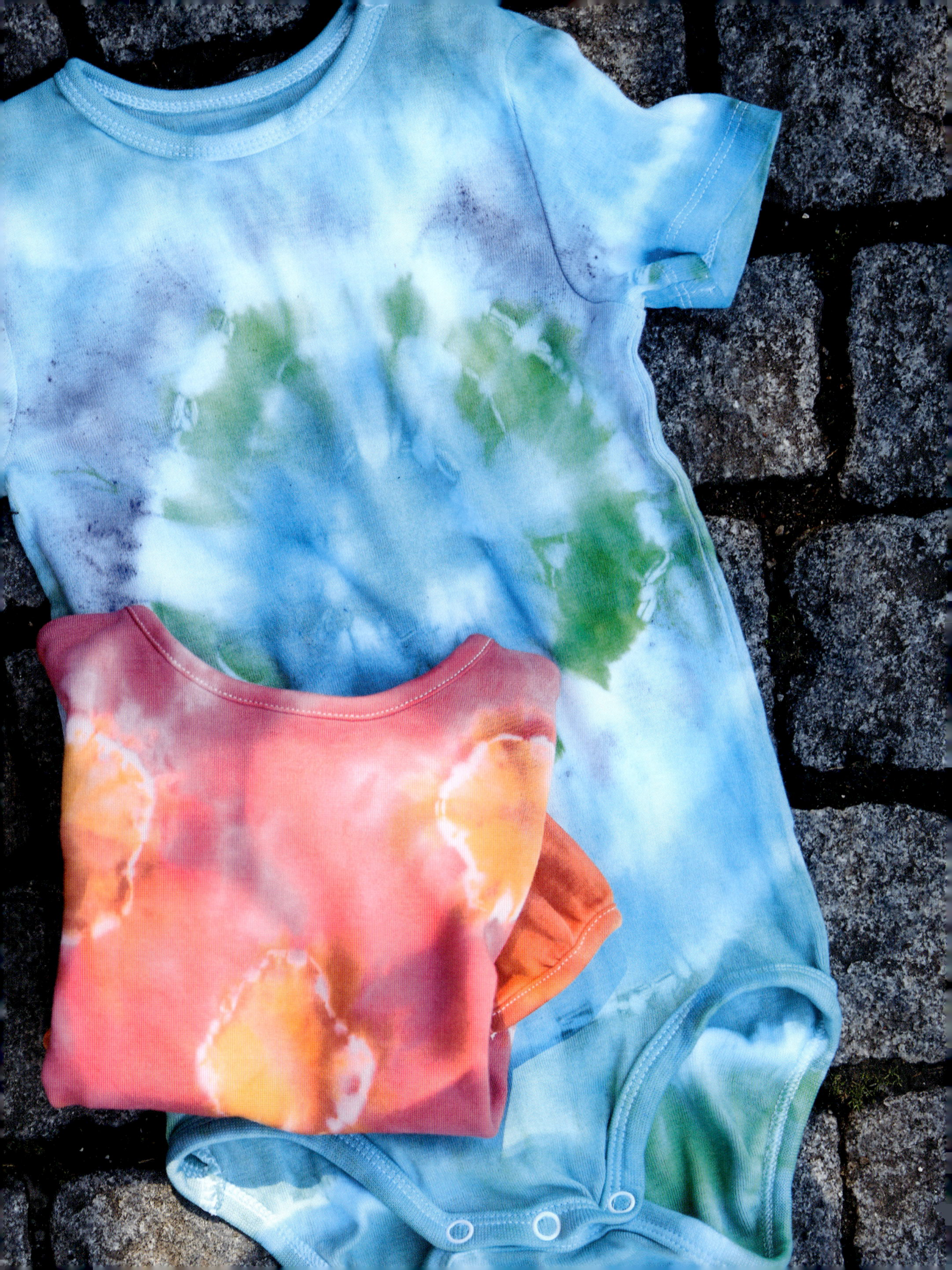

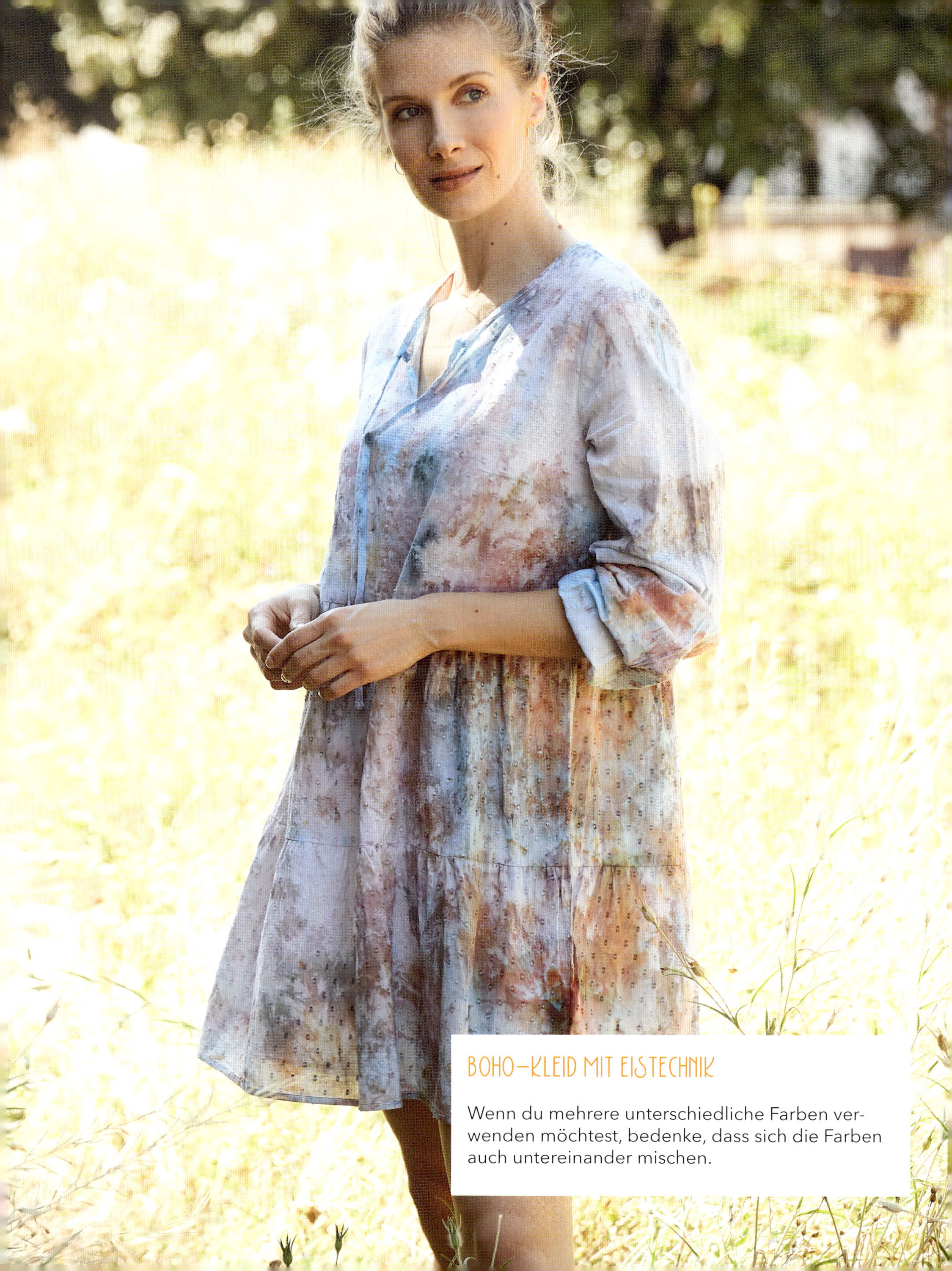

BOHO-KLEID MIT EISTECHNIK

Wenn du mehrere unterschiedliche Farben verwenden möchtest, bedenke, dass sich die Farben auch untereinander mischen.

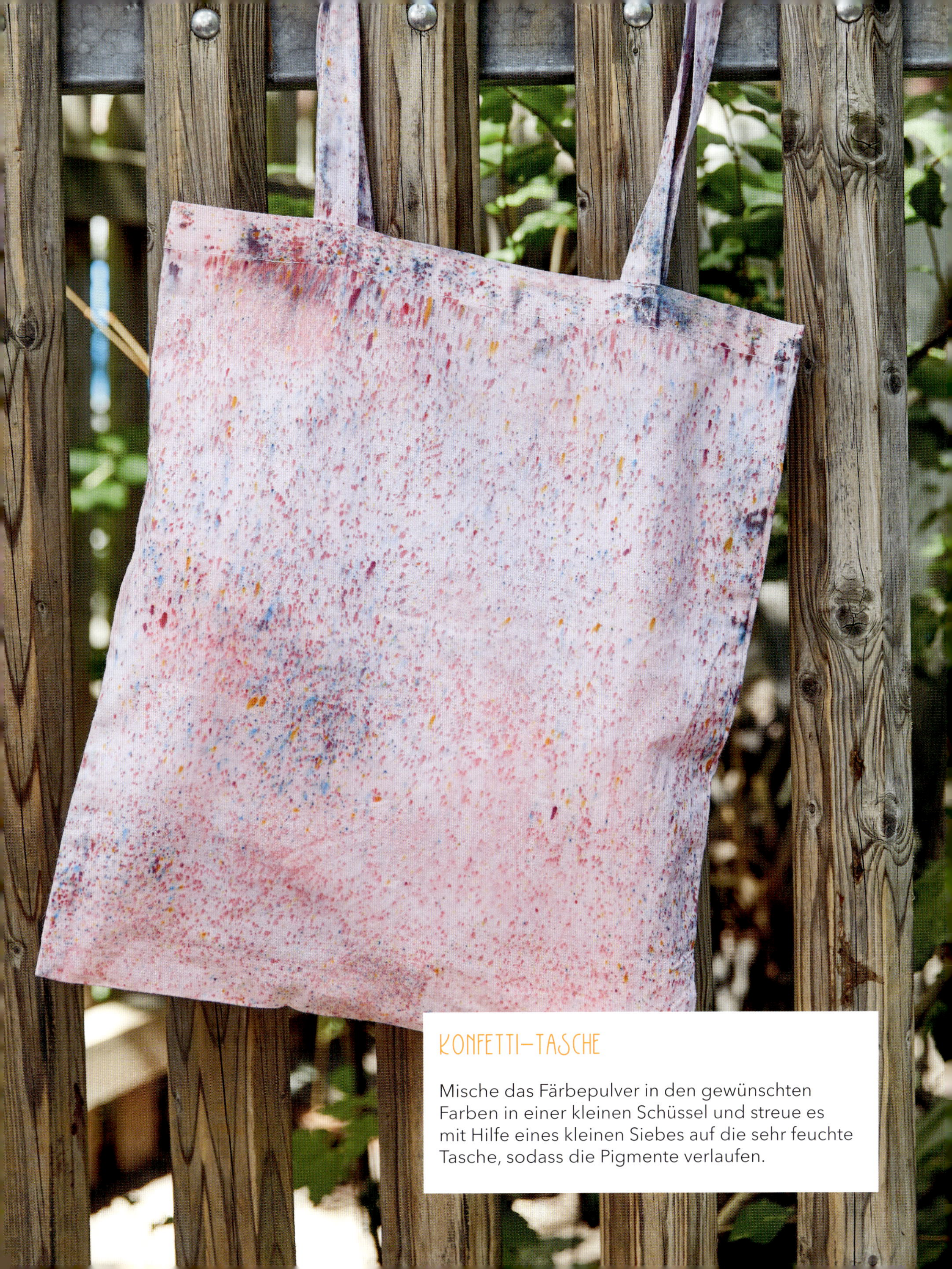

KONFETTI-TASCHE

Mische das Färbepulver in den gewünschten Farben in einer kleinen Schüssel und streue es mit Hilfe eines kleinen Siebes auf die sehr feuchte Tasche, sodass die Pigmente verlaufen.

KISSEN

Hier kannst du fertige Kissenhüllen aus Baumwollstoff verwenden oder Kissenhüllen einfach selbst nähen. Dafür eignen sich auch ausrangierte Textilien wie weiße Bettbezüge.

KISSEN MIT STREIFEN

Falte den feuchten Kissenrohling ziehharmonikaartig und lege ihn dann zu einer Spirale. Tränke alle Kanten sehr großzügig mit Farbe und achte darauf, dass die Farbe gut in das Innere der Faltung dringt.

KISSEN MIT SPIRALEN

Suche einen Ausgangspunkt für die Spirale und drehe das Kissen davon ausgehend straff ein. Die Wicklung locker mit Haushaltsgummis fixieren, dann mit Farbe tränken.

KISSEN GEKLAMMERT

Bei diesem Kissen wird nicht nur gefaltet, sondern eine weitere Möglichkeit ausprobiert, Flächen vom Färben auszusparen. Hier kommen Wäscheklammern zum Einsatz.

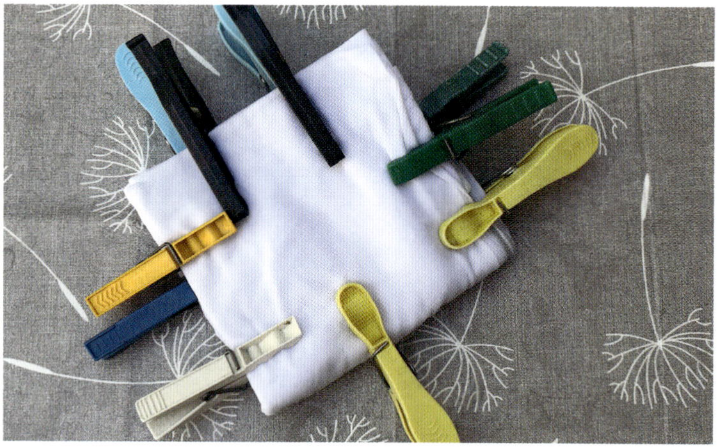

TIPP

Einfache weiße Baumwollkissen werden gebatikt zu tollen Hinguckern für dein Sofa oder deine Gartenliege.

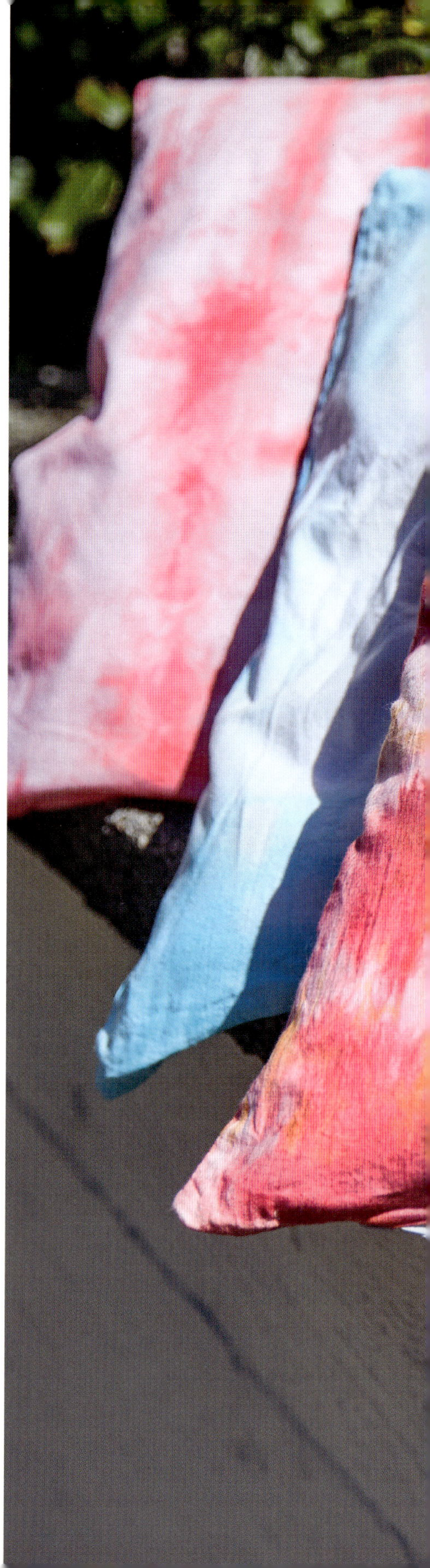

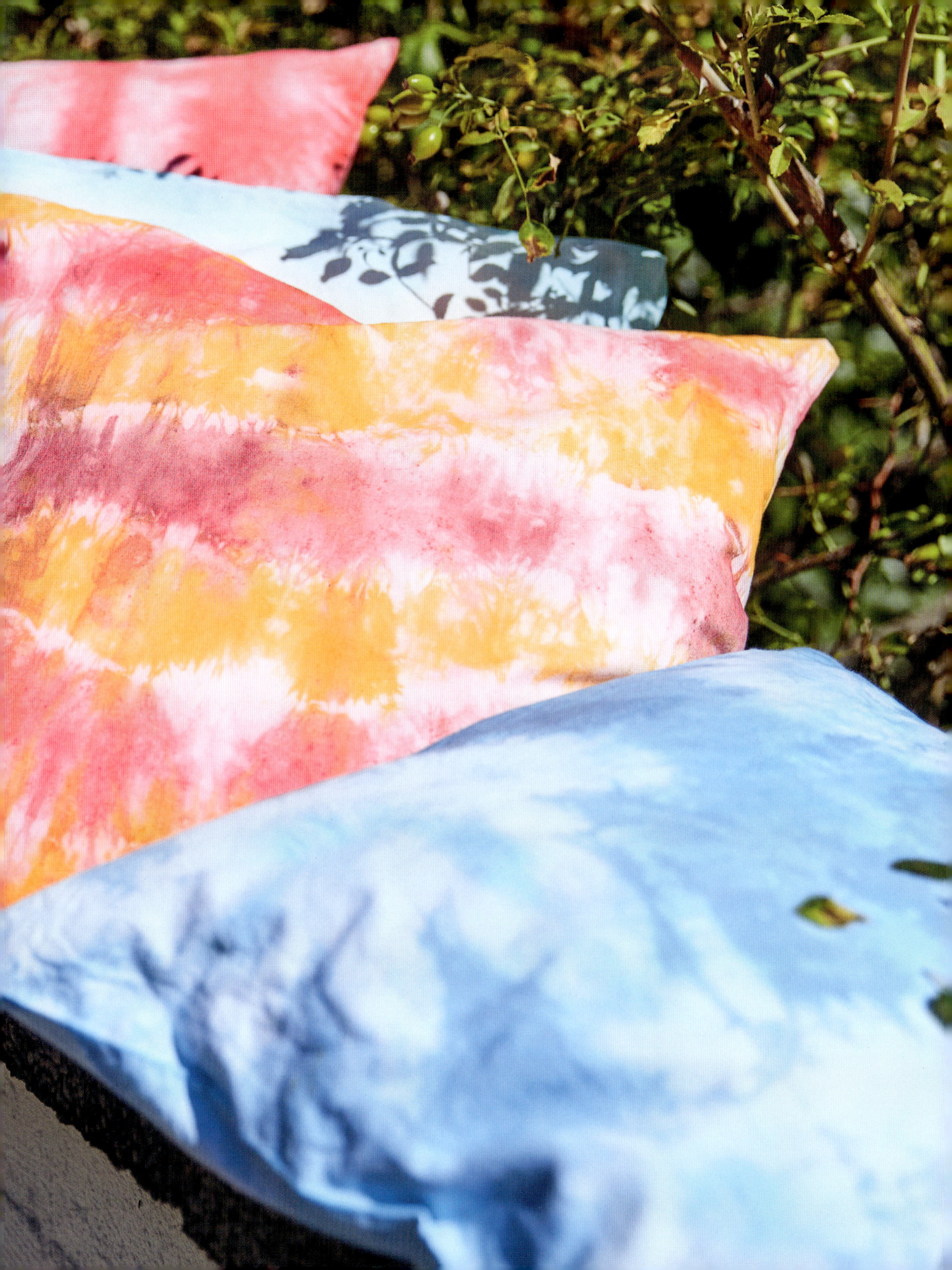

BETTBEZUG

Auf einer großen Fläche wie einem Bettbezug sehen Batik-Strukturen sehr reizvoll aus. Der Bettbezug muss dazu aus Baumwolle sein. Wenn du das Textil neu kaufst, musst du es unbedingt vorher waschen. Wichtig ist es, genügend Farbe zu verwenden. Dazu den trockenen Stoff wiegen, um die benötigte Menge zu ermitteln.

Auf dem Deckenbezug und den Kissen zuerst die Punkte markieren, die die Mittelpunkte der Bullaugen werden sollen. Plane im unteren Drittel des Bettbezugs ein großes Bullauge ein. Um eine tiefe Färbung zu erzielen, sollte nur durch eine Stofflage abgebunden werden. Beim Abbinden mit den Abständen variieren, mal einen ganz großzügigen Abstand und mal einen recht kleinen Abstand lassen.

Wir haben für den Bettbezug die Farbe Russischgrün verwendet. Ein so großer Stoff kann am besten in der Waschmaschine gefärbt werden, ausführliche Anleitungen findet man bei den Angaben des jeweiligen Herstellers.

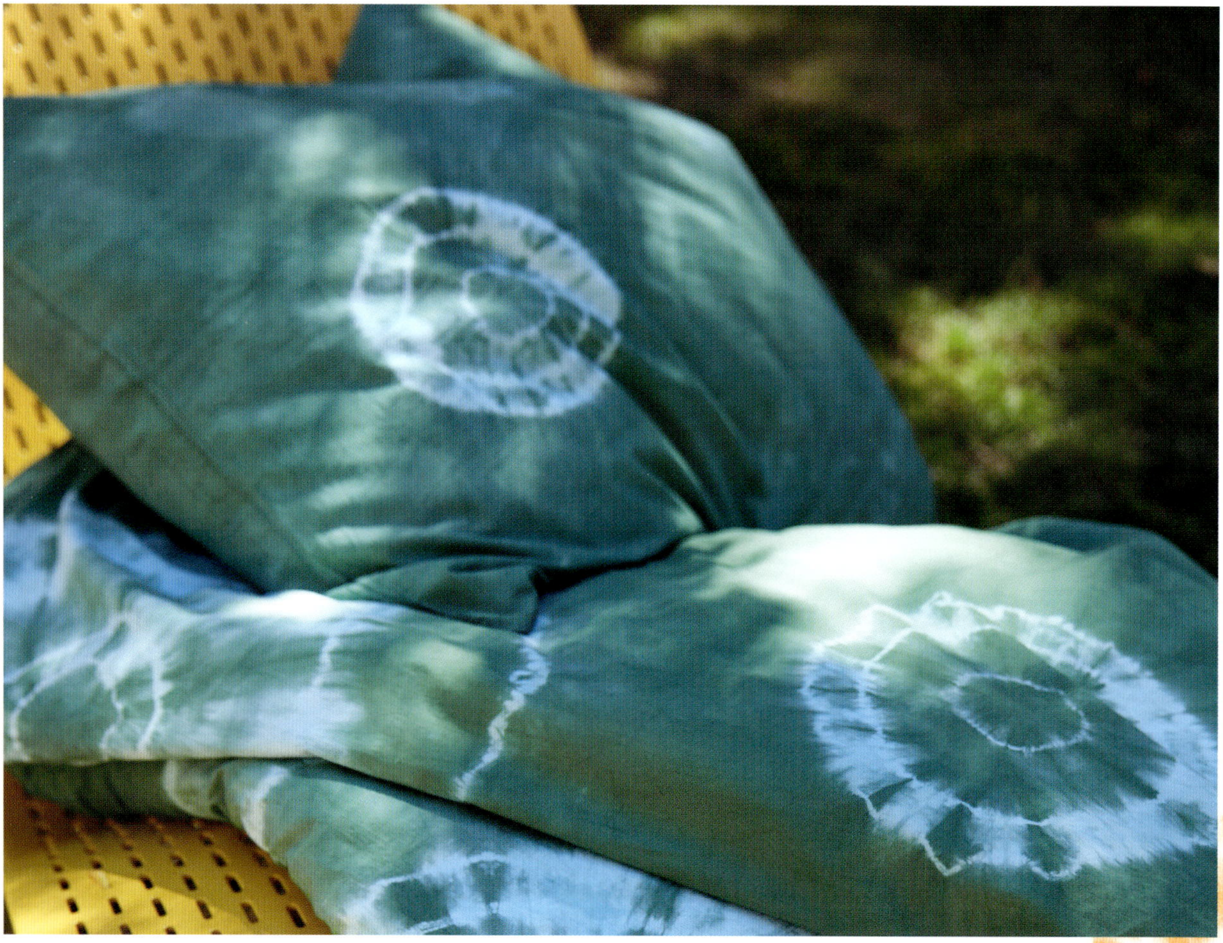

TIPPS

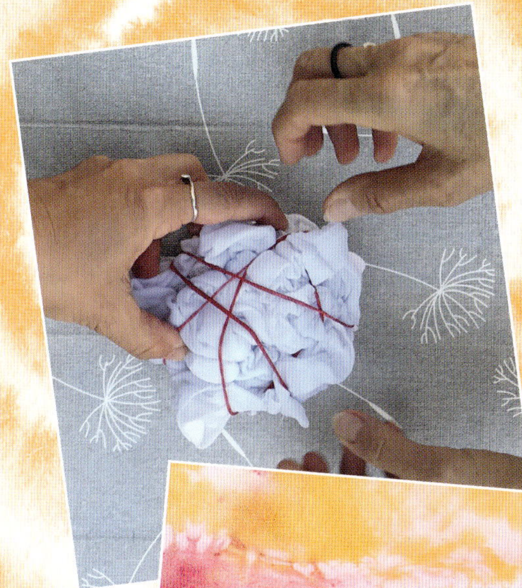

Manchmal muss man ein bisschen nachhelfen, wenn das Ergebnis noch nicht ganz den Wünschen entspricht.

Gerade, wenn mit der Quetschflasche gearbeitet wird, dringt die Farbe nicht immer bis in die letzten Schichten durch.

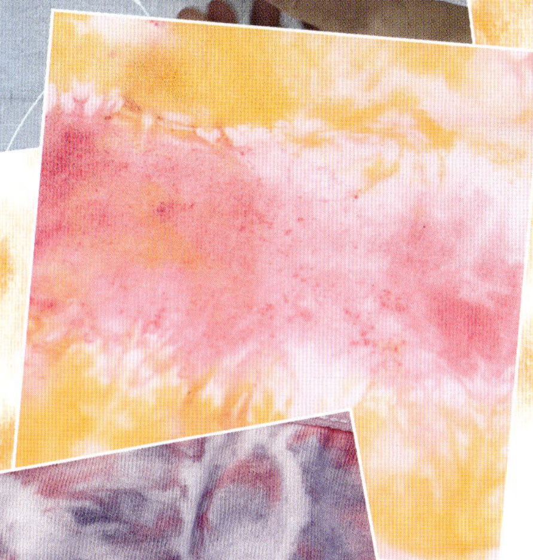

Scheue dich nicht, Farbe direkt nach dem Auswaschen erneut auf die Stellen aufzubringen, die dir noch zu „ungefärbt" erscheinen. Nochmals einwirken lassen und auswaschen. Wenn dir der Kontrast von Farbe zu Weiß zu hart ist, kannst du dein Textil einfach nochmal kurz ins Farbbad – das beim Auswaschen entsteht – legen. So entsteht ein sanfter Zwischenton.

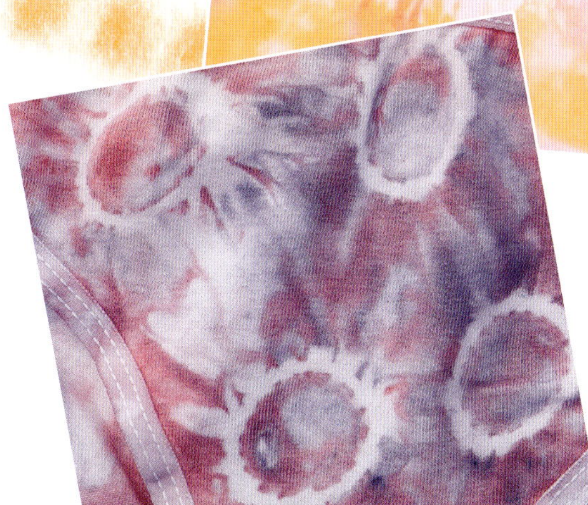

Ein zu dunkler Farbton kann in einem weiteren Schritt mit Bleiche behandelt werden. Auf diese Weise können Spritzer, Flächen oder kleine Muster wieder entfärbt werden.

Gezieltes Aufstreuen von Farbe bringt weitere Highlights, wenn das Muster noch zu langweilig erscheint. Das Farbpulver einfach aus der Packung oder mit einem Sieb nach Wunsch verteilen, einwirken lassen und auswaschen.

Keine Angst! Erlaubt ist alles, was zu einem guten Ergebnis führt.

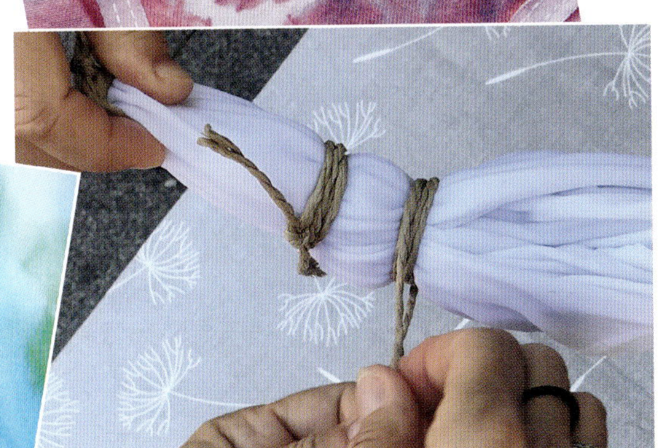

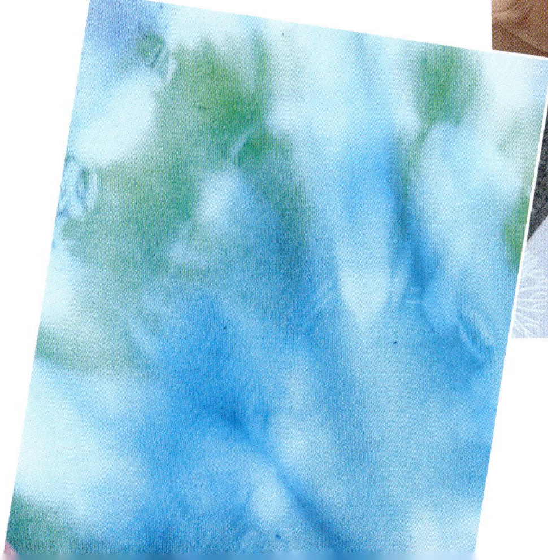

DANKE!
Wir danken der Firma Rayher Hobby GmbH (Laupheim) für die freundliche Unterstützung mit Materialien.

IMPRESSUM

MODELLE: Manuela Ambro, Lena Richter, Barbara Sander
FOTOS: frechverlag GmbH, 70499 Stuttgart; Lena Richter (Schrittfotos); lichtpunkt, Michael Ruder, Stuttgart (restliche Fotos)
PRODUKTMANAGEMENT: Nicole Benzinger
LAYOUT: Katrin Röhlig
HERSTELLUNG: Heike Köhl
DRUCK UND BINDUNG: PNB Print Ltd, Lettland

1. Auflage 2021

ISBN: 978-3-7724-4896-6 · Best.-Nr. 4896

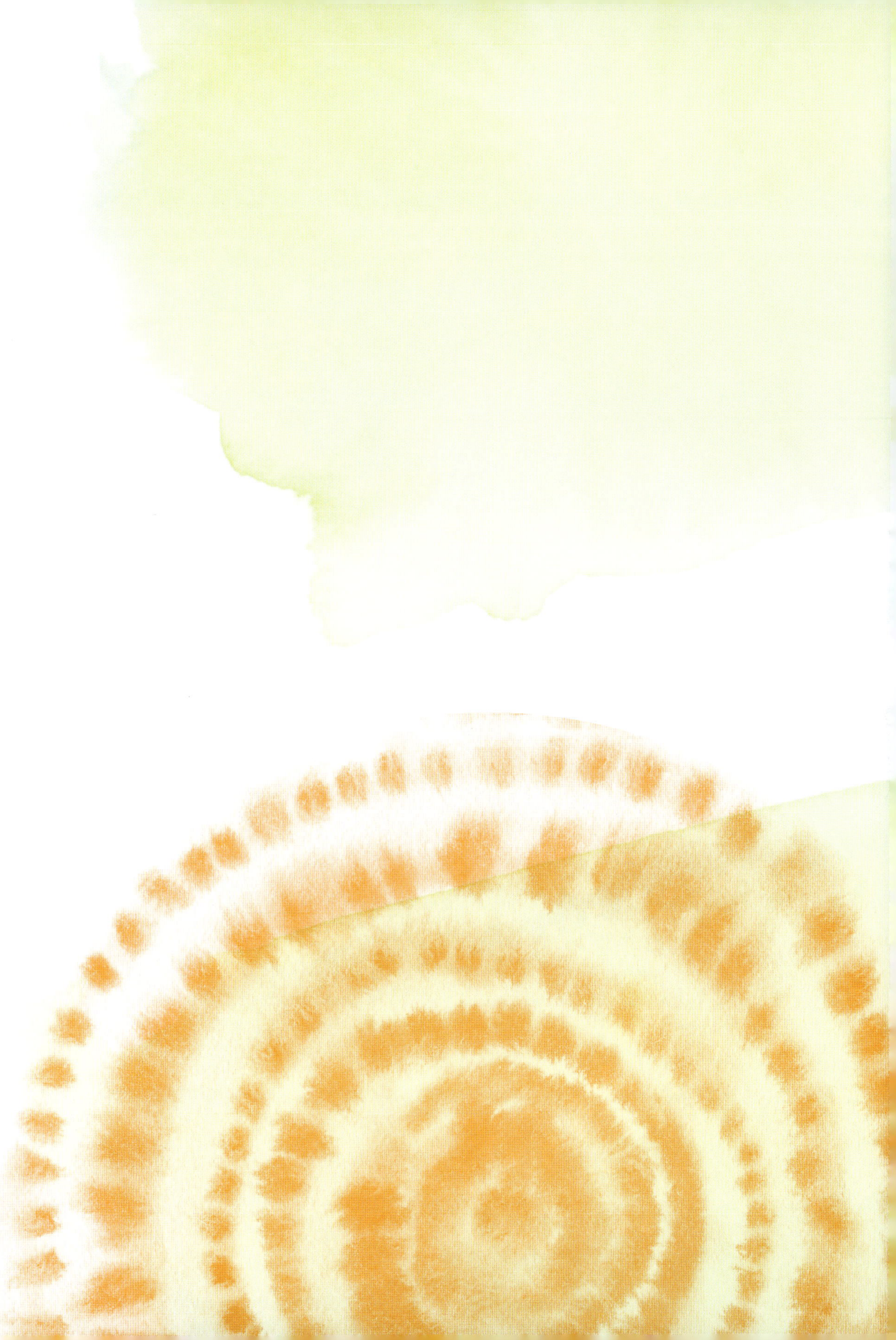

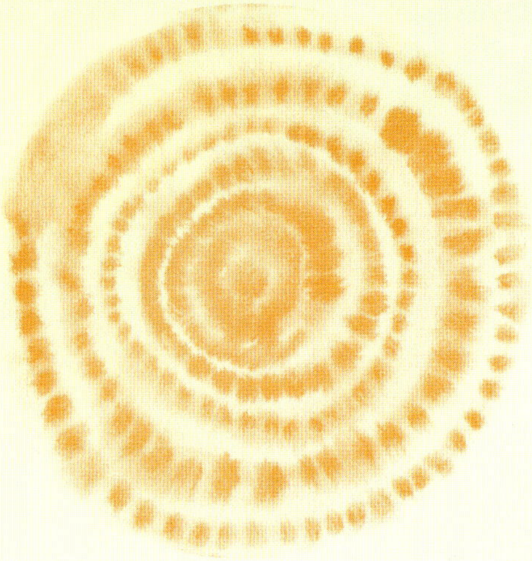